雪又白

吴文茹 著

中国言实出版社

图书在版编目（CIP）数据

雪又白 / 吴文茹著. -- 北京 ：中国言实出版社，2016.10（2016.11重印）
ISBN 978-7-5171-2033-9

Ⅰ. ①雪… Ⅱ. ①吴… Ⅲ. ①诗集－中国－当代 Ⅳ. ①I227

中国版本图书馆 CIP 数据核字(2016)第 242334 号

责任编辑：冯　章
实习编辑：张　朕
封面设计：徐　晴

出版发行　中国言实出版社
地　址：北京市朝阳区北苑路 180 号加利大厦 5 号楼 105 室
邮　编：100101
编辑部：北京市海淀区北太平庄路甲 1 号
邮　编：100088
电　话：64924853（总编室）　64924716（发行部）
网　址：www.zgyscbs.cn
E-mail：zgyscbs@263.net

经　销　新华书店
印　刷　北京京华虎彩印刷有限公司
版　次　2016 年 11 月第 1 版　　2016 年 11 月第 2 次印刷
规　格　880 毫米 × 1230 毫米　1/32　13 印张
字　数　58 千字
定　价　38.80 元　ISBN 978-7-5171-2033-9

目　录

第一章　日挽

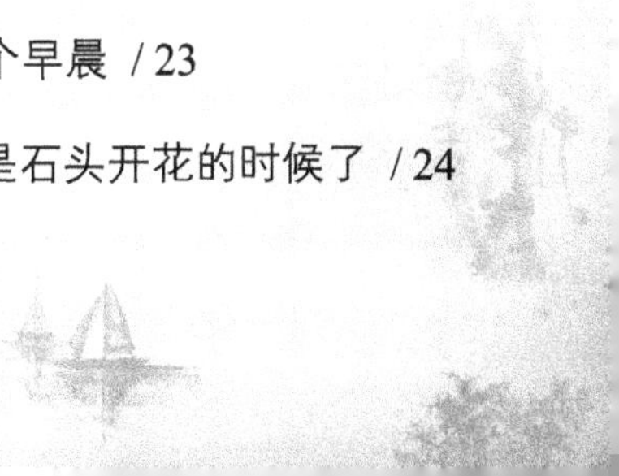

第二章　瓷，翻开

第三章 顺时针看去

第四章　诗句的左侧

第五章 雪又白

第六章　我背着故乡的期待起程

第七章　远去的往事

第八章　淡然，就是一种修行

第九章　非哲学存在

第十章　与这个世界一同醒来

在你的地盘我沉思良久

荷花田田的六月，那个馨香的
湿气铺满脚前以及来自远方的你
一霎间点燃我内心那株红柳
眼里的光火一样在流动
而那是你的地盘
森严壁垒地插满旌旗

君，我难于靠近你
只托满怀的夕阳，绕鹊山几周
看你的窗口亮起来
熄灭了又亮起，反复辗转

我洒下的不是泪花
一座城池装满快乐的牡丹，却凋零着美丽
现在我不再提及那个小写的字了
就拾起这些带着伤痕的句子
去你的天空飞翔一会儿，那只风筝
是我翘首看你的眼睛

我睡在阳光的最里面

其实我说了违心的话，是痴情的月色下
那一会所有物景都恰到好处地铺开
成为一张做梦的温床

于是你就开始跟我讲故事
将你掰成六瓣，摆在雪花盛开的地方
一只兔子端坐对面
爱情，草一般葱茏，星星似地密植

我觉得该好好睡一觉
力争梦到一个理想国，我们是国王王妃
再把心思藏起来，力量给予对方
把我吻过的阳光月色
全部植入大地

把 心 摁 住

你猜对我要说什么了
确实需要很多力量
忍会溢出白色的血
这个知道
但还是要忍
我们活的很累
谁不知道
我三点一线天天玩钱
到时候还是没钱
这需要多大的克制
才能视而不见听而不闻
我天天想他却见不了
这同样需要多么大的克制
我都认了也忍了

把心摁住
我在做自救运动
一句地老天荒
就一杯执子之手
接着用力
昂首一口吞下

荆　棘　鸟

一生只唱一首歌
是关于爱情的呢喃
从离巢开始
你不停地寻找荆棘
那是爱的宿命

当你如愿地把自己娇小的身体扎进一株刺上
流着鲜血放声歌唱的时候
天色忽然血红
还飘起了雪花
那衣袂飘飘的舞姿
多像你凤鸣鹤唳的歌声

你这使世间所有的声音黯然失色的神曲
一曲终了，爱情圆满
然而你却气竭命殒，以身殉歌
那是一种惨烈的悲壮
塑造了美丽的永恒
那是一曲林籁泉韵
整个世界都在静静地聆听
云朵在蓝天欢呼
星月在苍穹微笑
最深痛的巨创
是季节深处那一声
载满美好寓言的
嘶鸣

永生花的秘密

走在大街上
要过年的大街很繁华
我独自想着心事
却偶遇到让我眼亮的事物
于是驻足请教
“她是永生花，暗喻爱情要守护
甚至是亲情友情”
我一瞬间想起爱着的人
他在茫茫人海中
此刻是不是也在忙着过年
此刻是不是也在想我

随后我默默走开
却几步又去回首看那花
仿佛在她的身影潜藏着些秘密
而到底还是我自己的多心
西安的早春已开始泛绿
我的心也按捺不住想起飞
私下就去想啊想
那永生花莫不就是我心里的爱
像一个秘密走在我生命的正前方
我想人活着能有一种守护是幸福
心里守护着一个人的感觉
就像春天浸入万花丛中一样
真的希望他永生永世都陪伴在心里
哪怕只是一株花语的秘密

落日是只火凤凰

我把落日铺成锦绣文章
多少树影回到柳暗花明
可太阳不依不饶
它到底想飞去

它化成一只凤凰把天点燃了
我看着这一过程获得了一份心疼
伴随着它翻出昨天的日记
我将红色液体一寸一寸地摁进山底

我写了一些风景在诗里

但凡看过就知道
我写了一些风景在诗里
有花草树木，有汗水的笑颜
当然也有些泛黄的旧照片
但，天黑的时候我在回家的路上
那一会万家灯火正旺
一天的心机开始萎顿休憩
夜生活的节奏被月光一节节垄断
许多人明天的命运
尚在风清雨酿的路上跋涉

杏园小影

二月二进杏园，龙抬头了
那抹淡粉等在园内，不偏不倚
是我梦里的样子，没错
我驻足，寻思春雪的足迹
却原来它们都走到了杏园的枝头
化作娇好的容颜

我好想回到牧童遥指的那个村子
将自己也化成一朵羞涩的杏花
用千百年的寻思练了心性
以一醉泯千愁的方式
落英成泥，站稳脚跟

我有时候也幻想着云烟会倒流
可事实是多么迂腐和矫情
二月杏花来三月不再开
我此刻站到她的花影旁边
垂下自然的手留下谦卑的影
我知道，此去将不再会和这些花重逢聚首

二月二我在杏园，龙抬头了
希望世界是善的，放过这个春愁
花不在，却给那枝头留下
青涩的后果
无尽的雨水
汇入一江春水向东流

跟我来吧，眼球

我会绕过凡俗的美
我只认得简单，一个苍老的声音
我看到行走的曲线
微笑是堆积在山巅的积雪
我还看到太阳都倦了
幽静的心胸藏着满世界都装不下的偈言
还是让我再简单一些
先迈左脚与右脚是一样的
万千不敢傻上一回，就遗憾终生
鸟喙时间和羽翼涂鸦蓝天的过程一块完成
我谨回眸，一条路上
两个相爱的身影
血色的黄昏

推开沉沉夜幕

一眼可以看穿的
不是夜，肯定不是
一说就可以爱上的人
也肯定不是真爱的人
而网络虚拟的“爱”
我想大概是情感的幻影
当那会儿正好空虚
来了个荷尔蒙的漩涡
好，我爱你
爱你爱到一万年
梅雨纷纷地爱的雨滴
就这样落进人间的心里

可，我不是这样想的
那夜色沉沉的背后
站着个为我守更的人
没有藤藤蔓蔓的聊天
少了甜甜蜜蜜的假话
却实实在在地蹲着
门是爱人的门
所有心事都排着给她
我信这个，于是
推开沉沉夜幕
用了最美的呼唤喊醒他
爱人，一块歇着

熟　睡　了

与你说话，却隔膜
那不啻为全世界都熟睡了
凭栏独望
有月色西沉
花下的窃窃私语
疑似在嘀咕我们的昨日

没错
我醉过
也学习哭过
可懂我的箫声正在远去
一湖赊下的月光
静静地端坐在湖面

我望着对岸
万家灯火依旧
许多寄给眷念的心思
星星一般缀在天空
我在寻找自己的光明

六月，涅槃

夜色王朝，是不是给睡莲的
心里想着那片蓝，他一声也不吭
那些修行的文字，都走在路上
相思的雨走在天上
灯塔的光芒走在海上
有情人的泪走在心上

我将所有心事一个人吞下
过去的一切，从不后悔
这世界我到底是来过
爱过了，唯独
我不会生恨
请谅解我的倔强和自负
哪一天再看到你
就是我走出藩篱的日子

生日里，将自己清空

我看到的，是
波澜壮阔的来日
把昨天用后浪掩埋
不再去提起，春江花月夜

我蜕变的神翼般的
念头，留在此刻
一个空空的自我
一座张开怀抱的古城
一颗荒漠式待垦的心

三 月 八 日

全世界的女人们
有谁知道这是你们的节日
有谁懂得这个日子的意义
你做了女儿和母亲
百花丛中就娇艳起来
而这个世界准备了太多的痛
比风都多

我的身影
从你们中间穿过
双手捧起三月八日
接受着全世界的祝福
无以回报我只好写一首粉色的诗
那是我的微笑加鞠躬
花香暗语，有个人能懂
真好

和所有日子一样
书页翻开必将合上
这天我把孤寂锁起来
选择了登高
那地方万里有云
却不再是男男女女的世界
全世界的目光化成了水
只留下我的挂在天上

姐姐，生日快乐

姐姐，今天是你的生日
我把虚拟空间最美丽的花朵
加上晨曦下晶莹的露珠
和满园的花香一并寄给你

时空间隔，蛋糕也是虚拟的
包括七彩的蜡烛，一束祥光
但我们的亲情是最真的
相信你能尝到里面的甜
烛火的光明照亮我对你的祝福
亲爱的姐姐，生日快乐

回想这么多年，印象中
你几乎没在家里过几个生日
我们快乐的老家，爸爸，妈妈
你我和弟弟，如今我们只在虚拟中团圆

姐姐，生日快乐
我的祝福不是虚拟的
想象中的合欢树不是虚拟的
在我心里，我们全家一直在一起
我们的亲情也永远花开四季

完　整

把我俩的快乐忧伤糅合
就完整了
像黎明的月光盼着太阳
我盼你回来
像晶莹的雪花盼暖暖的春风
我盼你回来

我还想
给昨日的墓园树一块碑
墓志铭就写上阳光月色
人世间的爱太多残缺
泪洗江山也难诉说
遂只好走向内心
将深爱的人做成一只帆影

我于是天天都在梦中
重复日月间的亲吻
以再生的信念
实现与你的完整

说　爱

面对雨，伞无言
可牵挂总在，努力撑开
风儿，是手指
轻抚我的两颊
想他的泪是甜的
我喜欢，这样开始
想想，再结束

今夜月儿很瘦
风也瘦
我的心思一样
很瘦很瘦
水落不落都在
一句句说爱
我收手的时候
一颗红豆
正在北方萌芽

入　秋

入秋以来的一切，都在
准备着各自的嫁妆
百姓草，臂膀依旧消瘦
矗立在大风里的几株玉米
很虔诚地怀抱着籽粒
我刚好从秋的边上走过
目睹这一切变化
想了又想，却没想通
入秋以后，所有的草木
将以怎样的姿势
完成一场婚礼

圆

将一只凤凰圈起来
真的是奇妙
整个秋天铺在地上
爬满了果子
结实地快乐起来
上天真是好意
把收获的继续丰收
只微笑着用手一划
就给了我们一个
满仓的圆

真　理

不是鲜肉，颜值不高
朴素的像一块未经打磨的
石头，棱角分明

扎手，硌人，坚硬
不论你是否喜欢
它就是那个样子

不言不语，它就在那里
懂的人把它雕琢得
和璞玉一样美

又是一个早晨

我似乎看到过无数个早晨了
有阴有晴悲喜交加的早晨
插满了人间故事树的早晨

我和原来一样赶车上班
自此我被喧嚣和呼吸包围
松弛的精神被裹紧
家忘到脑后
灵肉都漂泊在别处
我会做许多莫名其妙的事
说些自己也听不懂的专业术语
接触着不喜欢的人
连空气里也尽是尼古丁味道
我很被动地成为生命机器
脚步麻木思维僵化
时间在未知领域打包批发
所有一切都幻境梦乡
好在有要醒来的这个早晨

哦——
原来
早晨，是我离家出走的时刻

早晨，是石头开花的时候了

我拥抱你，可爱的虚无
冬天的预言背上布袋的故事
一扎扎使劲奔跑的车子
刺向东方或西方

好的，我总算知道
奥斯维辛没有圈住诗的飞行
我从那个时候笑着
不断成长和坠落
但，蛇形依然会化作闪电

看吧，所有的灵肉
雪，河水与泥
与这个被太阳开悟的早晨
是石头开花的时候了

一直在游的鱼

一条鱼在海中行走
睁不开眼睛，看不清楚道路
身边的珊瑚和雀鲷，色彩斑斓
吸收水，吸收氧，吸收蓝
它一直游，一直游，游到蓝

一条在深海漫游的鱼
因为没有冒泡，被当作傻鱼捕捞
它潜逃的时候吐了一串蓝色的
泡泡儿：亲，别担心
我停在水中也不会淹死

别让我的想象力走偏

你一觉睡到西域的田野
在新浇的地里捕捉鱼苗
那分辨不清的游动
让我为存活率捏一把汗

你一声丫头把我喊回北疆
我在积雪的屋顶扮演新娘
那厚此薄彼的云彩
让我为精彩几度抓狂

最后你变成一株庄稼
时刻都扎根在我的心田
我对你吐舌的叶片说
别让我的想象力走偏

另一种想念的方式

想念一个人
不一定要见面
可以去读他的书
去他呆过的地方
做他喜欢的事情
在那些地方
那些书那些事情
看到他和他重逢
这是另一种想念的方式
相见不如怀念，是为此

梦想成真

我，是带着两个梦来
一个揣在怀里
一个写在心上

今天两个梦合在一起
祈求九仙点化
唯一期盼
爱像亲情一样
平安相伴幸福永远

此刻香烟袅袅
石与竹的神行衬托出
大爱都在心里
梦想成真

亲亲太阳

亲亲太阳，我的许多心里话想对你说
那满满一箩筐的话儿溢出来了
你轻轻抚摸着我说：傻丫头
哭什么，话儿都变成了泪婆娑

我说我想对你说
想在我生病的时候你给我端一杯水
想在我悲伤的时候你把我抱在怀里
想在我想你的时候第一时间能够找到你
想在我哭的时候你吻干我的泪窝窝

我说我还想对你说
想在我怕黑的时候你给我点亮一盏灯
想在我疲倦的时候让我靠靠你的肩膀
想在我无助的时候你说“还有我”
想在我老了的时候你听我唠叨地读诗

亲亲太阳，我还有几箩筐打情骂俏的话想对你说
可是你那么高高在上遥不可及让我如何倾诉
那满满的一箩筐一箩筐的悄悄话
酿作一杯美酒叫我自斟自饮地日夜陶醉

第二章　瓷，翻开

瓷，翻开

轻绵之什，过眼千年和云
盛下历史茶道
茫茫海浪，湿了帆影

我的雾
梦迹，伴水而来
紧缩的光
黑于灯下，再前
此心难就的兴许一团火
春香密谋
翻开，或者棕眼，冷墨
或是石子青
记下许多故事

驼　铃

一

冰雪没有覆盖住的先民
那些黑色的重影
悠悠的昂首，一路向西
像一次迁徙一场风暴的开拔
折返再向西涌进

我们的先人，披着古长安的薄霜
穿过黑色丘陵，黄土残垣
穿过疼痛，和冻土上的人们
穿过战火和，历史的丛林
穿过时间的海峡，和季节的洪水

我们步着先民足迹
承袭伤疤就像承袭丰厚的精神
我们背负古旧的寒霜
仿佛顶起历史厚重的文化
我们拔起帐篷去远航
把所有的疲惫丢进生活之下

那源自鲜卑山的嘶鸣
那漫长的抵达和驼队们追逐的落日

二

我们聆听着
那些大地留下瓷器的痕迹
尘埃起处，疲惫的黎明和着焦渴的牛角
我们踏风破浪
沿着中亚的草茎走进罗马
那内心的尊严，装着一个个信念的脸谱
每一片空虚都被汗水填充

我们让潮汐记住噬血
将黑海用心血洗白
肥美的牛羊和挺拔的屋檐
雕琢着旌旗上的星辰和月色

当散乱的车辙像碎雨般袭来
当露水在开花的疤痕跳舞
漫漶的何止是毅力
白雪也尽显着一种苍白的铭文

于是选择匍匐下来
在大漠深处，在一座座疾风嘶鸣的都城
我们将传说书写得气定神凝
无非就是一段驼铃的倾述
而大风起兮，我的先民不在
他们只将一个姓氏，注入我的魂灵

三

让苍鹰从内心的部落飞过
一条条如蛇小路，烫着足下的沙浪
再举起的兽皮囊里，喝下的不仅仅是时间
还有一些山川和暮雪
还有许多书文里的遗属
许多遗属装订成的经卷

难能忘却
三千铁骑遁入地下
五百脊梁扛起敦煌
那些堆上阳光的微笑
身披丝绸与霞光
最能衬出阿姆河蔚蓝的影子

今天我们想像一条河的流经
陈涛泛起，拥抱着劲风
前面是热情四溢的楼兰
后边，吐鲁番的葡萄熟了
而巫师和石头，把玩着和田的美誉

四

这一丝的念想
踏着硝烟与浓雾，与乌云
这一线的丝质情感，装着一颗熟透的心
悠悠然然，轻轻浅浅
叮叮咚咚，期期艾艾

毡房里的姑娘，挺着骄傲的乳房
脸上滚烫的笑靥，火星迸发

驼铃是会诉说的
如此复述君士坦丁般番客的故事
像那个沉默的乐师
在摆弄一把睡满阳光的胡琴
一队队羊群走来，咬噬着暮下的橙昏
长安城邦帝王威武的鞭子
抽打着端坐正北略带几分柔情的狮子

我们的河流
裹着丝绸，出嫁了郡主和塞外的荒凉
我们不知道什么是永恒，何为爱情
永远长安，这个朝拜千佛的低语
去跋涉，万仞雪域
苦行的呻吟，交给了历史的内心

五

就在东方以东，今夕
一个带着血性驼路的队形
温煦也还坚毅，怡然却不卑不亢
以平凡的灵性，走过世界
怀抱笙、箫、笛、鼓
奏出东方神性的大盛精神

这是最大的梦景
豪华的盛宴，美酒浇灭一路惆怅

也就在那方罗布泊的庶民里面
一位画师用朝霞渲染
这美妙的陈色，衬托起来自东方的驼队
这最初的也是最后的辉煌

现在，我与这路驼铃站成一队
我们的荒漠辽阔，我们的内心辽阔
一个个姓氏厚重，一段段文字厚重
那驼峰上是慈祥，敦煌妙音的呢喃细语
那些早凝固掉的鞭声，和跪膝的沉吟

现在，我们的驼队站成了吉祥
踩醒的远不止五月，还有世纪的黎明
这个让我靠过的壁垒的朝廷之地
现在鸟群于鼓楼环舞，它们向往休憩
晨云四合后，先祖的子民走过街道

现在，有一块通体透明的时间
我将其捡拾起来，再铺好秋下的禾秸
团坐于一片尚暖的阳光之上
我开始从白昼跋涉，穿过祥云和暗喻的经文
而风蚀的城墙下，一位诗人即将失眠
远处那队英俊的古驼，叮铃着正朝黎明走来

五台山行记

一天傍晚当我走出屋外，
在布里斯托尔大街独自闲荡，
人行道上聚集的人群，
宛若收割的麦田的景象。

——奥登《歌》

一

再来，我
已经不是原来的我
世界也不再是
原来的世界
而唯有佛
端坐在乾坤轮回
俯视着我
和这个不一样的世界

我才知道
所谓世相万千
其实唯我是我
无我忘我
就像是一个美丽的瞬间

二

现在我从她的肩上穿过
我们就成了一个人
承担的冰雪世界
开始融化

这固若金汤的石头城
葡萄和橄榄般的心
那欲望里面闪闪发光的金属
都在我的旁边生长

当然还有空隙的地方
能够安放一尊佛
一片天空和
一颗葡萄或橄榄般的心

三

我寻阶而上而下
铅块似的天空
泛着些灵光
五步就完成的使命
垒成五个台
要我白发萌生
才悟到这云端的密意
原是这样简洁
是我是我

大理石上的秩序
井然的城市足迹和匆匆幻觉
荒凉的空地生发的心事
都是自造的草地

四

那一万双眼睛
发着黑光
而只有我是
一个无知无觉的孩子

我才从邻居的地界走出
是地是海是空虚的山
也是人造的佛
是放下和拿起或再放下
是麦田的杀戮

是寻找
是海上的船帆
是空寂荒地上的聚集

五

我貌似明白
更像是糊涂了

我从此回头
无了知觉
遭难的人世境遇

都从空中飘出

我把一个信仰
种在万亩心田
万民就萌生出
表情一致的跪痕

六

我这样就懂得什么是靴子
一个个标记的声音
都蒙了云雾般的灰尘

因果必然
虔诚的仪式和祭品
摇曳的香炉祭坛
繁众的生死景象

我还是找到了我
又失去了我
是不是一个永生的幻觉
和我正擦肩而过
也或是一个无知无觉的我
渺小如沙似地蹉跎

登崇文塔

登崇文塔，就是趟八条河
八水绕长安，流成了八个角

登崇文塔，就是忆十三个朝代
十三朝古都，垒成了十三层砖塔

登上八角形十三层的崇文宝塔
在城堡式塔垛我看见了铜葫芦塔顶的金光

蓝天白云映八水，历经十三朝的青砖无语
我一层层往下走的时候，一片云托住了我

茯茶小镇

沿着丝路驼队的足迹
循着醇厚绵长的茶香
我用泾河和渭河的水制作一块茯砖
我拿神秘的金花换一匹白色千里马

到那时，茶马古道，丝路金花盛开
我在关中平原驰骋，吼一嗓子秦腔
唱响驼铃声声的传奇
走向丝路敦煌的畅想

我在大地原点

我站在大地原点
站在神州的地理中心
寻找自己的位置

我在这多云的冬日
用一个标准的经纬度
定位了我的人生坐标

我在大地基准点
测算出自己的原点
知道了自我的所在

我一江秋水向北流
一梦千寻

汉　水　春

抓一把巴山的云丢进汉江
秦岭的雪花绽放激起千帆竞

这一江的春水哺育茶花女
悠悠稻米香美酒佳酿醉故人

汉水春，酒不醉人人自醉
秦岭雪，玉树琼花花自妍

崖柏里的香

漫川关镇之古在秦街
秦街上的木匠雕刻着来自
秦岭的崖柏，十三粒的手串
一百零八颗的念珠，盘在手里
松香浓郁，还有薄荷的清冽四溢

漫川关镇之古在楚街
楚街上的铁匠铺铁将军把门
锻造的声音远走他乡。马蹄声
在人去楼空的古巷古宅里余音袅袅
清一色的铁将军，锁头没有一丝尘埃

一个年轻的绣娘在绣百年好合
一个年迈的婆婆在编织古式的草鞋
一个壮年的汉子在锯断秦楚的年轮
一个妩媚的妇人撞进我的镜头
柳腰桃面，泄露了尘封已久的美

漫川关镇，古镇历久弥新
森罗万象，却再无朝秦暮楚的人

许久了我蒙尘的自尊

我从艰难的旱草地跋涉而过
骨节长着白色的清风
我似乎哑言般蛰伏的心情
再怎么努力，都喘不过气来

还是出来透透气吧，我的
蒙尘的自尊，我脚前的白霜
为了前路的那点亮光
我定了定脚跟，一笑作答

访 净 业 寺

头发几撮炫丽的挑染
给猴年谱写欢快的序曲
新年第一天第一次登山
像猴子回到花果山一样喜庆

阳光如金色的经幡飞扬
洒在凤凰山上林间小路
蓝天像扬帆远航的大海
我忍不住仰望摩登

腊梅树像一袭金色长裙
裙裾间花儿朵朵青烟袅袅
置身其中宛如仙境，花香和檀香
交流着山上和山下的风花雪夜

玉兰花还没有打开圣洁的春心
白色蓓蕾含苞待放仪态万方欲说还休
仿佛在酝酿一场生命的勃发
每次绽放都诠释了人生若只如初见

沿着窄而陡陗的台阶登上戒场
有一个声音在耳边响起，人生的路
就像在戒台要战战兢兢、谨谨慎慎地走
人要心存敬畏，要有虚怀若谷的君子风度

山上山下一个来回
我虔诚顶礼三宝，发菩提心
默念八圣吉祥颂，顺缘增长所愿
如意成，祈愿吉祥如意悉圆满

会飞的石头

云朵放飞自己的想象
石头一动不动，它在酝酿
一次不可思议的旅行

飞沙走石，需要风
尽管它的翅膀那么沉重
但是，石头要飞
它要在天空写下沙漠的理想
石头真的飞起来了
它拥有自己的天空和神话

信则灵，一块会飞的石头
篆刻了海洋和天空的湛蓝
实现了沙漠变绿洲的理想

游三叠井

游三叠井，拜仙师观
我似乎是前来拜师学艺的徒子
这里太多现成的词
每株树都是一位老师
他们性情温和
叫人佩服的地方太多
你看那绿色掩映的手语
类型各异，意味深长
那幽潭飞瀑，仿佛溅玉飞雪
奇石峻岩又似刚劲的体魄
而古树藤蔓，异草香花
却把我带入一个梦里
在绿色的世界太想要一弯臂膀
任由我依着挽着
将欲念省略在前来的路上
满坡的话语，一股脑地倾述给他
……

兰

见与不见你都美丽在那里
我知道，这都是注定的
但是我信念的脚步由不得我
毅然地走向了你

说什么姹紫嫣红
紫气东来或者亭亭玉立
对了，你最该是一位美女
从盛唐的诗海出发
每一小步都是满怀的馨风

不，你还是一种秉直的承袭
根系都是一代代的正人君子
与你比肩
我心悦诚服

问　榕　树

我是带着敬意来看你的
却被你盘根错节的思绪
给堵在了这个春天
其实那一支逢考必过的笔
就握在你手里
春天怎么样
爱与被爱又怎么样
而我是翻阅了千仞山和万重水
来看你的
不就是为求得你一个许诺

我当然也知道
千树万树梨花开
更懂得江南塞北的土地
原就是一个
爱巢里的乖鸟
我只是不知道
你会将生死轮回打烂重组
这遮天蔽日的话语
能否给我爱的生生不息
和生的不屈与坚强

去马嵬坡

别看
我表面的微笑不是真的
一代红颜会自缢于此
再繁华的景致
也写上了忧伤

我去的那天
万里无云
而心却落一场大雨
从盛唐的方向来

那一坯泥土掩埋了
一个美丽
只有四周的小草知道
世面那些传说
除过虚伪
真诚所剩无几

忐　忑

有啥啥的声音从心间流走
那是秦岭脚下的足迹
伴着路程和风声

亚历山大
才找到了缓释的河流
河流却撞击着时间
一路朝南而来

倾轧缓释再倾轧
对面的那些迷雾绿着
一厢情愿的人
读着一本启蒙的书

而万山皆绿
独有一豆心思红着
有谁解惑
忐忑

青　衣

水月江风，穿越千年的梦幻
时光褶皱，水袖流苏的愁绪
婵娟曼舞，柔肠百结的婉转
挥袖如云，顾影回眸的缱绻

清风拂面，烟波万里的桑田
尘埃落定，春梦醒来的忧伤
长亭向晚，来世今生的山河
悲喜交加，含蓄思量的深渊

水的世界，镜花秋月的无眠
青衣娇媚，伊人消瘦的笑靥
繁花落尽，曼珠沙华的彼岸
衣袂飘飘，随风而去的蓝衫

半边冷月，虚空无我的凡尘
光影缠绵，岁月凝固的瞬间
寂寞心跳，演绎生命的奇绝
红颜一泣，唤醒三世的因缘

蓝色妖姬

哦，蓝色妖姬，在怒放
在紧锣密鼓的脑海里盛开
那蓝于大海的蓝色
或许也蓝于天空的蓝色
此刻，是否也蓝于
我神往中的那朵蓝色妖姬
不可名状，更难以验证
那水中的色，像彼岸的花
在彼和岸之间开放，任花叶
两相错。此生永不相见
佛在忘川河里打湿了衣裳
看见曼珠和沙华的每一次轮回
都有一种蓝，类似引力波的神通
一个时空的弯曲，实现了星际穿越
我在以绽放的方式弯曲，穿越

哦，蓝色妖姬，在吐蕊
在沟回褶皱的头脑暗送秋波
那蓝于花香四溢的荡漾
或许也蓝于黑洞白洞的空隙
此在，是否也蓝于
一座青山的气势
为生命而高耸，也为生存
而坚守。刺客之爱，宛如
步向巅峰的大侠，所有的爱

在枝茎与刺的交汇中相遇
相守一种承诺，指认一种宿命
类似一场玫瑰的战争
在阿芙洛狄忒蓝色的眼睛里
情不知所起，一往而深

哦，蓝色妖姬，
我的目光被灼伤
那掠走了我的魂魄的蓝
赤裸裸地开在蔷薇的枝上
那是并蒂的两朵
那妩媚的眼神被染料蒙蔽
玫瑰，再次投奔了笛斯
阿芙罗狄忒流出蓝色眼泪
枯萎的玫瑰复活，两枝蓝色妖姬
对我说：这世界只有我俩
心心相印，相亲相爱

蓝

四周都是宝蓝
天色如此纯粹地蓝着
我的视觉伴随内心
刹那成为色盲，挤去褐色的阴霾

蓝的裙裾，素言浅笑
让纹理记下花语，浅蓝
像忧郁的眼神随着忧郁进入
蓝色的影子从记忆里翻飞

恰似宝石的蓝伊水朝天
那是我的宝贝
将深蓝浅蓝铺遍整个世界
任蜜意的情话喻为蓝

蓝 眼 睛

我的视野刮起了蓝色风暴
那是我最钟情的蓝啊
蓝天，蓝海，蓝裙，蓝调
还有我心仪的蓝衫知音

那边，蓝镜，蓝舞，蓝之夜
这边，蓝雨，蓝莲花，非常蓝
我的天哪，给我的蓝皮书留点蓝吧
我正在与蓝谈一场旷世的爱情

蓝宝石和王妃的蓝指甲一起闪光
蓝孔雀在终南山的蓝色丛林修行
蓝精灵在蓝月亮的照耀下成功穿越
我端着建行蓝饭碗，景泰蓝在酝酿着窑变

眼看着蓝天被白云割据
大海被潮汐分享，我心里的蓝
按捺不住冲了出来，我的眼睛蓝了
看着满世界都是纯净的我的蓝

丝　路　行

一

白色蓝色黑色红色包裹着
铜墙铁壁，里面有熔炉的火焰
有煅造的声音，击打着铁石心肠

在铁上走，在钢丝上走
在刀尖上走，在江湖上走
金属的马蹄和皮肉钉在一起走

在高炉里走，在熔浆里走
在淬火里走，在光纤里走
坚硬的钢铁和语言融为一体走

生的铁熟的铁，百炼成钢
走在黄金白银绿铜黑铁的时代
风雨的锈和岁月的包浆裹在一起走

二

沿着矿脉，走在岩石的铁中
走在铁轨的颤动，走在海子的梦乡
和面朝大海春暖花开的日子

沿着地平线，走在夕阳的金色中
走在玉米的子粒，走在丰收的秋天
庄稼的节日，和秋叶的欢欣鼓舞

沿着北回归线，走在西方的期冀中
走在黄河的边缘，走在纤夫的号角
妹妹我坐船头哥哥你在岸上走

沿着源头，走在逆流的水中
走在鱼和鱼的繁衍，走在鸟和鸟的天空
走在诵经的唇边，神话，呢喃

三

月亮走，我也走，走在浩瀚的夜空
穿越白天的黑洞和盲区，解读流星的
箴言，破译天书的奥秘和谜底

在黑中认识黑，黑的价值
在于催眠我的大脑，和大脑中
的幻觉，和想象中虚无的盛宴

在白中认识白，白的意义
在于唤醒我的眼睛，和眼睛里
的瞳距，和散光后真实的视力

月亮走，我也走，走在深髓的
宇宙，走在星星的田野，和银河的逝川
给我一杯忘情水，换我一生不伤悲

四

向着光，以光速走在光中
光的尽头是黑，是无明，是空
空中无色，色的尽头是白

向着白，以白色走在白中
白的尽头是无，是无无明，是灵
灵中有道，道的尽头是自然

向着自然，以赤子之心走在自然
自然的尽头是法，是光明，是禅
禅中修行，行的尽头是彼岸

向着彼岸，以如是我闻走在彼岸
彼岸的尽头是菩提，是大光明，是悟
悟中皆空，空的尽头是圆满

海 之 旅

一

静海醒来，醒在天亮之前
从天之涯到海之河，如梦方醒
从蓝色的梦中醒来，走向海河

东临渤海，南界黄河，西起太行山
北倚内蒙古高原南缘，地跨八省区的
海河，我来了，我从这里入海

海岸边，码头作业区装卸桥巍然高耸
一排排绿色集装箱吊装出发，搭起积木
起航，从天津东疆，走向蓝

二

蓝宝石，是一艘巨大的邮轮
也是一个移动的真实的海市蜃楼
蓝的理想是海洋之心

钢琴，提琴，古典弦乐
一起奏响蓝宝石的小夜曲
舞动的旋律，女王的裙裾飘逸

歌手，舞者，欢乐时光
在蓝调里尽情释放，水晶鞋
坦桑石，和蓝宝石，那夜的眼睛

三

蓝色的眼睛，眨啊眨，那星辰
故乡的记忆，摇啊摇，那渡口
远航的理想，游啊游，那蓝海

风是蓝的，涛是蓝的，梦也是蓝的
汇集了全部的蓝，住在海洋之心
晶莹剔透，价值连城的，自由

飞翔在蓝天，遨游在蓝海
一朵蓝莲花开在水天之间的
远方，不知要做多少梦才能摘到它

四

蓝宝石公主之夜，在船长的手里
把时针拨快一圈，夜就偷渡到了凌晨
一小时的睡眠被大海吞噬，连同一个梦

在夜中穿越，抛开顺序，反复叠加
像左右转动的轮舵，无人驾驶的夜行者
把所有的梦推波助澜，层层递进

深蓝，再次显现海的本色，和宝石的
质地。女王傲娇的睡去了，怀抱举世无双的
海洋之心，暗恋的臣子做了守夜的水手

深　　蓝

进入蓝宝石内部，进入风暴的核心
关闭所有的联系渠道，开启飞行模式
与世隔绝的世俗生活，奢华升级

海水的蓝在温室的游泳池里得到萃取
火山的热度在温泉水中得到升华，化学反应
在厨房里登峰造极，舌尖上的海

在世界领导人的晚宴，食欲爆表
缅因水煮龙虾，刷新了龙虾的味觉印象
烤地瓜汤，诠释了何为脱胎换骨

我味蕾的兴奋来自——蓝莓莫吉托雪葩
她集合了我的最爱：粉红，酸爽，蓝雪
美味很多，菲力牛排，榛子巧克力

各式甜品，顶尖披萨，活色生香
挟持着人们，在临时买断的生活里
软香酥甜。我是谁已不重要，重要的是

谁是我。那位穿着宝石蓝晚礼服
翩翩起舞的是我吗？那位在甲板上望着海
发呆的是我吗?那位手捧着日出的

是我吗?那位对苦咖啡青睐有加的是我吗?
都是我。都是平日里不曾显现的，只有在

远离人群的孤舟，一个真我本我才是我

我就是我，不一样的海，那蓝
是我的温度，那黑与白的昼夜，是我的
灵的场，十三个天使的降临，于我

灵与肉的分离，来得驾轻就熟
没有疼痛，也没有流泪流汗流血
内心的激流静深如海，如蓝，如悟

集装箱生活

原以为上了邮轮，漂在公海，就与世隔绝了
其实，邮轮旅行的人们，进入了一个大集装箱
绅士和淑女的摇篮，体验着所谓的贵族生活

反日常的生活习惯，客串斯文，不急不躁
不发火，不呼叫。足够的救生艇，救生圈
救起动荡的脾性，沉浮的命运，和芸芸众生

集装箱里的生活，麻雀虽小五脏俱全
集合了世界的繁华，欲望和奢求，发酵着
人的虚荣心和市场的泡沫，五彩斑斓

生活的组装器，华而实的包装
把自己打碎，放进去，归零清空，重新拼装
这是一个重塑的过程，也是一种回炉

这是一栋大厦，是一个小区，也是一个迷宫
在那里，谁也找不到谁，但谁都能找到自己

诗与远方

一

漫无边际，深不可测的海，水床
摇曳到远方的远方，漫无目标的目标
在海上，在无岸之岸，在远方

在海看不见海。在山看不见山
在远方看不见远方，在诗看不见诗
看不见，只缘身临其境，诗在远方

夜和海的蓝，天空的蓝，梦乡的蓝
深的浅的浓的淡的，蓝的心情和诗意
远在天边近在眼前的蓝和诗的精灵

二

邮轮旅行，过程和目的地都在邮轮
人为的与世隔绝，失联测试失联的后果
无关紧要。地球离了谁都一样在转

别把自己太当回事。暂别日常生活节奏
体验生命中别样的精彩。满载惊喜与发现
收获惬意记忆，发现一个别样的自己

启迪心灵的假日，驰骋于大海之上
天空之下，海洋之上，天堂赫然其中
可以看到天使，自己也成为天使

三

当阳光打开天与海，当海浪拂过甲板
全新的晨曦开启，海上日出，晨光中的太极
参悟刚柔相济，内外兼修的养生之道

当阳光打开天与海，金色涂满了全身
宁静开阔的海景如画展开，浪漫的旋律
惬意的午后，触手可及的温馨，留恋忘返

最美的记忆在海上。夜色渐深，深蓝
视听盛宴，音乐舞蹈，星空影院，魔术杂技
目不暇接。还有自己内心的歌声与舞蹈

四

离开陆地，徜徉于碧海蓝天之间
每一天都闲适惬意。风靡西方的尊巴舞
莲花水疗，让美丽在海上绽放

随着海水的节奏与冉冉升起的朝阳
缓缓降落的夕阳，独一无二的海上瑜伽
舒展身体，在冥想中与心灵对话

海风中，在游泳池感受无边畅爽
在西餐厅品尝正宗的意大利披萨，优雅
传统英式下午茶，享受繁星下的银幕星光

五

海洋，诗意栖息的滋生地，清晨的蓬勃

午后的闲适，夜晚的静谧，美味佳肴的分享
当太阳亲吻地平线，涛声相伴，爱栖息

入梦。碧蓝的大海，大海之上的人性之美
天伦之乐，让每一刻都写满浓情蜜意。夜幕下
的精彩纷呈，海浪在静夜中热烈鼓掌

面向大海，静心打开海天之间的这本书
启迪心灵与自我提升，让自己焕然一新
找回自己的意象和语言，发现远方，发现诗

我来，我在；我走，我不在

我是踏着山川的清风而来，我就像一株草
为了酝酿一朵小花，我被风雨无数次地洗刷
此刻，我站在你们中间
我努力，我翘首，我渺小得仿佛置身于森林
在这诗意的世界里，我虽渺小却也泰然
因为我来，我在，这就够了

对了，我还想说，活着真好
我快乐，我苦恼，我挣扎
我相见，我不见，我因爱而爱
我把高尚的灵魂举起，做成信仰的旗帜
我把思想埋在土地，生长出灿烂的阳光
我栉风沐雨而来，为了证明我在
我默默抽身而去，这里就不再是我的

我来，我在；我走，我不在
我就在来来去去间，进入的滚滚红尘
也是在去去来来中，听到了梵音诗界的呼唤
今天，我来到时间的面前，站成一朵木棉
用最赤诚的信念，送一首带着花香的诗给你
写满无声祝愿，相见是缘别亦缘

瓷　　化

我用了一天的时间，发瓷
瓷坐着，把玩瓷化的绿松石
读松石的铁线，和蓝色的忧郁
一种液态浸流的过程，弥足珍贵

仔细聆听有古音

再是唯物主义者，也会唯心
这一天我就走进古诗里面
脚前唐宋元明清
身后一把碎银般的叮咛

后来我从那些带着疼痛的诗句
读出五代的青苔
走在朝廷幽幽的阶梯下
那些微草，正在谱写结痂的磬音

古城佐证我的一切

让爱再精致一点
大概就要让行动再潦草一点
那座山就胸怀在我的内心
开满翘首以待的并蒂莲
最主要是那山脚下
涓涓地流淌着灌满我心思的一条小溪
昼夜不停地流淌，流淌
低调却鲸吞般地
置于你的地盘

我的小船就此搁浅了
会注定是这个古城的一帧剪影
两叶桨板静静地躺在沙滩上
每天除了四周喧嚣和活着的肉身
只剩下了孤独

旋转，我所看到的只有这些
围城模式杜撰着一切都市人生
只有内心想着那个春天
想起那旷野的蓬勃小花
和一袭小风环抱的你
信不信就是这样
古城佐证我的一切

第三章　顺时针看去

顺时针看去

嗨
我丢失东西了
只能向前走的我
丢了最重要的念想
那些甜蜜的光阴啊光阴
给我剩下的只有沙尘与泪痕

干嘛不珍惜
桥墩下的光角楼和山崖草
一概收起一节一节
步子朝着内心微笑淹没风向
唯有足音不绝于耳纷至沓来
一块块时间搭成积木
轻轻，轻轻坠落

多新的年

这不是 2016 吗
崭新的年
我从蒙昧也或是梦寐以求的上年来
不认识我了？

那个一天笑着去内心悲伤的人
是的，那曾经是我没错
但今天，我要哭了
哭着说我学会了看开，亲爱
是啊你是我的寄托
但我知道那是不可能的
我向来被自我蒙蔽得太深
大概是一片不小心的亮
忽然叫醒我被遮去的眼光
笑笑吧，我的亲爱
这本来就是个可笑的世界
那一年年虚伪的繁花
告诉我多少不可信的事物

这就是 2016，亲爱的
多么新的一年
昨夜我用红酒吞下了一把药
就从旧年睡到了今天的新年

我知道不该有太完美的梦想

有时候缺憾不也是一种完美
我知道生命的圆满不在于某种形式
有时候遗憾也是一种圆满

亲爱，你看
我们的面前那是多新的年啊
多少翻天覆地的变化，就在
多了几条白发和皱纹的深处更新

2015 我错过的那些

和你就要说再见了，2015
我剪刀步的日子，我心猿意马的诗
我是怎么了，到底天长还是地久
我说时不分时，我做错上加错
我笑天色却恼，我走
我干脆走开，却又陷入另一侧的徘徊

2015 啊，我陷入最深的一年
早安太阳，晚安夜色
春天里开花是我怒放的心花
秋天里挂果又是我吞吃的结果
我学习和一个年份说永别
我好像泰然自若地屏着呼吸
我终于没有忍住：你就要过去了

我摇摇晃晃地看着时间
那个路口还在，身影却换得陌生
我也知道又一个春天即将繁荣
而错过的纸背还会是 2015 的草影
那些受伤的心口被水堵着
惟愿我的脚下，会将幸福溢出

数 字 跨 年

梳云，篦雨
头旋百会，脚蹬涌泉
十二经络经脉循行

戴口罩，滤雾霾
火眼金睛，美猴光临
十三太保护佑安康

跨年，穿越
道法自然，厚德载物
十四阙风烟引千年轮回

辞旧岁，迎新年
心灵丰富，生活精彩
十五的月亮升起在天上

莲花，菩提
洁身自爱，善良仁慈
十六妙观往生净土

甜　梦

一种很黏的东西
胶着黑色夜空，如盖
如被，捂着想飞舞的雪花
甜的，像蜜糖一样的水

胆汁和血液混合的
粘液，溶解了夜的抑郁
释放出德沃夏克的自新世界
甜的，像幸福一样的花

梦里，我完成了气质的转换
甜的，像情诗一样的爱

瞭望人海茫茫

隔着好多好多
空间或时间貌似栅栏
穿过人海茫茫
我用心看
千山起舞万水波涛
而有时候一个人就是全部
有时候想也是空的
那些遗憾的地方
一晃就走丢了许多
我盯紧的爱
瞬息间
怎么消失在茫茫人海
让我手足无措不知所云
不过我依然傻傻地相信
只要还在心里
就会发出暖暖的信息
那些暗喻爱意的石头
宁静致远
像一个个链接的梦
把我思念成灾的涟漪
一环环送达
并写满：爱人回来
这一声声的呼喊

利用这个下午整理过去的时光

是啊现在的这些时光很快也要丢失
我所以想尽量多地写下过去
我想写下那一树的叶片，它们曾经在喧哗
不知所措和茫无头绪地痴着些牢骚
还想写一首歌颂月亮爱恋太阳的诗
却始终找不到下笔的出口

我蜗牛似的思绪负载太多惆怅
只恨无才没能去记下伟大的嬗变
现在是黄昏楼体下阳光有些倾斜
我的脑袋发着青皮果似的木性
要想把过去的记忆好好打印整理
大概要像车子碾轧时光或月色涂炭大地

但能用如此悠闲的风染环境想想从前
这样也好，伴着过年的脚步去迎春

我的节日裹在市嚣里

远处淡粉色弥漫，整个的一条路站满春天
这就是我的最好节日了，柳笛也来伴奏

三三两两的行人进入花店
他们正浸泡在情人的爱意里
柳树的长发飘飘，恋念飘飘
你是我节日里最好的礼物
还有啥抵过那春风的力量
为我展开所有美好和浅浅的疼
水中，轻轻地涟漪来去
我看到你的脸，就在凝视我
同样也是最好的礼物
我需要从那市嚣里面挑出来
属于你的一部分，那就是我最需要的
生命源，我的全部的颤栗
只为去春天完成一场舞蹈和搏击
我选择一个良好日子，过节
也远远地牵恋，思念

开 心 的 年

现在新年到了
我把生长在天上的绚烂花朵
向上伸展，再伸展
展开我开心的一年
甜蜜的一年
像鹿角弯弯
勾起我对吉祥美好的憧憬

妩媚的新春
裹着我的遐思幻想
一切都开心起来
我将心花怒放地立起来
立给我心爱的看
看我们愈来愈美好的明天
结实地驻到我们俩的心间
一天又一天地幸福着
像过年一样
比蜜还要甘甜

惊　蛰

雨蝴蝶飞过
雪蝴蝶飞过
布谷鸟飞过
鱼儿衔着红虫游过

春雷滚成了元宵
那些甜的馅成了五谷的种子
新绿的地衣抚摸着农夫的手
有一种痒爬在心里

那些从未蛰伏的念想
也在一阵风之后疯长
长成一道彩虹挂在我的心尖

哦，惊蛰
无尽的懒虫们
也该起来去耕地了吧

三 月 可 爱

人说桃花三月，芳菲落尽
我说三月可爱，夜雨绵绵有点微凉
这段日子我去了几个地方
见识过世相百态
我也认识了花朵，和鹧鸪的天
承认世界就是这样
我所以很平静地驻足再走过

三月有谁的风花雪月
裹着浓情蜜意而来
这也是个雪雨搅拌的时节
风喝醉了搀扶着杨柳的腰
到底岁月披上八千里路的风霜
桃花点点都是信心可爱
我以蓬下的一湖月色为水
淘去精神被染一年的尘埃

四月的河流

在四月，我看到河流翠绿
那翠绿暗流着两个相似的影子
一个孤独，另一个也孤独

我还看到碧波荡漾
小小浪花下，藏着两个心思
一会撒娇，一会大吵大闹
最后偃旗息鼓
该爱爱，该睡觉睡觉
眼睛长上花蕾般的小疱疹
心里却怒放着暗香阵阵

在四月，我还看到河面的风
把翠绿荡起，下面潜着两个惆怅
一个徘徊，另一个徜徉

端　午

我从父亲的额头，看到了一片大海
他的微笑，给了我坚强的勇气
就在这个父亲不在身边的端午节
我用心陪着他去福州，和姐姐一家团聚

我想沐着一股股的粽香，寄去相思
身在长安却心不安，那秦关万道
我不知道该去走哪一条好
其实啊，每一个节日都是好的
去想想亲人
吻着天下飘满的艾香，依着我的父爱
如山，就这样睡去，睡在一片大海里
整个世界就好了，像节日一样的好

在这个时节慢慢成熟

我似乎正在拔节的禾苗
阳光照进我的内心
就懂了一些人
抚摸过我的头顶
就想将深藏的花香释放

人间四月天的美
美到我心里，会努力生长
我仿佛真的成了一株庄稼
在这个时节慢慢成熟
我包浆着爱枯朽着痛
走过和留下都结为年轮

那日走到一片油菜花前
忽然感到有点忧伤
是因为它们抛洒的媚眼
让我倍觉春天刮来的一股股妖风
好在我是扎根到五月的怀里
我会熟成一朵白色的云

夏　　天

立夏，小满，芒种
夏至，小暑，大暑
夏天的秘密蕴含在节气里

玉米，高粱，谷子
大豆，花生，甘薯
夏天的秘密生长在庄稼里

兰花，荷花，百合
葵花，扶桑，茉莉
夏天的秘密酿制在花香里

今夕，何夕，往昔
怨你，恨你，爱你
我的秘密就写在夏天的事物里

一　起

这个多雨的夏天，所有故事都存在
莺歌与燕舞，山呼与海啸
而长安街上属于我们的故事尽是小偷
偷窃我的情感，也偷取了你的钥匙
让我情何以堪，使你回不去家

同甘共苦的应该是拥抱
却让我们将拥抱之外的一起承担
当一片绿叶凋零下来
另一片紧随其后
这除了写下秋天最美的诗行
就是一种并肩的远行，或者永生

向前迈进一步

很好奇，向前再迈进一步会是什么
写诗再空灵一点，会是什么
天再高一些会是什么
你再远些又是什么
此刻我在向前，晨曦紧跟
太阳像个慵懒的孩子
赖在床上不起
而我又要去那片荆棘搏杀了

风也乖了，雨还没来
我独自走过五十几年
现在总算看到一点，暖色
在我前面晃着像个醉酒的人
向前再来一点
我要你这点暖入怀
我已顾不得路上会沾染多少愚昧
再迈进一步，向前
向前向前向前

边　　缘

七月之尾八月之首
是岁月的边缘
夜色深沉与晨曦初升
是一天的临界
一个结束，一个开始
将我的心情挤进临界的边缘

在这个被岁月做旧的古城
有人站在城里说
你别进来，我正要想方设法出去
有人站在城外却说
你别出来，我正要千方百计进去

于是有人站在边缘
像墙头的草，摇摆着
他们时而向城内窥视一下
时而向城外探望两眼
他们的根已经裸露、枯死
他们的魂已远离中心

最后不知了他们的去向
只看见边缘的一丛草
扎成了时间的篱笆

如果有，看吧

我在后面画下一条曲线
有几朵花就不依不饶想盛开
我于是邀约两个春天来
再加上剔除了谎言的一场雨
土地，插满披着阳光的理想围栏

此刻我就告诉另一个自己
大地淹没的并不完全是一个个帝国
还有虫争鸟斗自喻精明的闲士
和两个异性耕耘的人
一些像草一样顽强的儿女们

憩

在雨中，在蒙蒙夜色下
可以放平身子吗，自问他问
都不去管了，时间都被泥泞煮沸

最想平放着的是灵魂
看一会过往的另一个自我
将长发束紧深怕漏掉一丝美好
这样长安真的就是一座城了

是关着我的属于我的
十六楼上的摇摆
雨中的夕阳斜刺进思维的窗口
我盯着墙上那帧波丘尼画作
慵懒地放逐起昨天的想象

留　　影

走过都市，每一天的光影
都叠加许多旧事
我好像就夹杂在一些古人里面
从时间的缝隙看到母亲
看到另一个诗人
还看到一朵云裹着另一朵

有时候浸在一片雨下
与那些石头站到一块眺望
却再看不到唐宋的一巢家燕
那样那样地温和
留下她们活着的影子
像我现在一样
将自己深深嵌入了
历史的最低处

错　　影

蓝色火焰，泥淖的心情
一怀温暖从大地升腾
只言片语的纠结被钉在风中
而直发，诡秘的街上影子
剪开的封皮，轮子
奥尔夫余音加如麻的阳光
没有展开的一帘相思

文字早已经古旧
故事锈迹斑斑
早先的情爱被杀戮
我看到五个自己
正朝着不同方向跋涉

印　　迹

一个人成为一个人的印迹
也许就是修炼千年的佐证
那镜像与日月印在天上
你印到我的心里一样
偶尔站稳撒手一会儿，随即
就紧紧抓住

正前方
暮色很浓地铺开
等着我们走过去
刻下来世的印迹

石　头　记

我不希望石烂海枯
把你的影子种在石头上
是我三生的夙愿

别怪我
爱你爱成了铁石心肠
也可理解成痴如石坚

从出发的那天起
我就没有打算回头
刻下的，绝不只是一个名字
而是发生在二叠纪的一段路程
一个关于石头的故事
永不分离的神话
爱的归宿

苏醒的样子

从昨天穿过梦境，我
苏醒在晨曦清雅的气氛
梦被历史掩埋
爱其实还在
只是需要我一个转身
将双臂张开，努力
再张开

这座魅力千古的城
无论贵妃醉酒或东施效颦
都凝固了
我只要看到一个属于我的身影
不必去闭月羞花
家常地像一只老燕好了
我们一起筑巢
相拥地呢喃
与这晨曦和太阳一起
睁开祈望万年的眼睛

我是踏雾而来的

脚前眼前，人世前
我是踏雾而来的
心里很逼仄，却只装着你
我就很努力地开垦
闷头挖掘内心的空白
地方再大一些，肚量紧随着腰围拓宽

我没有为谁低头
今昔，要为你低一次
将雾匍匐下来
仰首阳光
大意是
我将爱你如初

孤 独 的 城

早有人说过
城内的人想去城外
像我想做一个地主婆
丢下城里太多的韶光旧迹

无奈这座城森严壁垒
每一次奢望都会
被唐宋的风韵羁绊成蝉蛹

在外面，有一汪洋之水
望洋兴叹，我圈起一片痴心
扶墙远眺，我记起你的徘徊

那广袤的土地
是不是有属于我的一块
在我走出孤独的时候
供我的灵魂去生长

将一只鸟揣起来

它大概是累了
那样小的身子还要从世界飞过
要飞越万水千山
飞过世俗尘埃
这样才能来到我的面前

它真的好可爱
用翅膀丈量着时间的长度
用弱小的心脏寻找着爱
有时候会忘却自己的性命
毅然地朝向长安飞来

我看到它身上的伤
从西域滑翔到这个都市
滑翔的姿势，是相思的舞蹈
而最里面藏着的，是我
欲将它紧抱的几个心思

瞬　　间

想找到一处很好的地方
譬如可以停停车
聊聊八卦和跌破的股市
可以垂钓时间，放生时间
那就走，说走就走
瞬间的念头，春光灿烂
当然少不了一些矜持
热浪滚滚凝固在瞬间
眩眩晕晕暖在瞬间
学会简单地理解爱情

瞬间，我仿佛悟到走进爱的捷径
那就是忘却过去，想我们的未来

早　　班

一团白，滚在漆黑的早晨
滚过太白路，太白路却不白

近光灯，打在眼前，和当下
两侧黑影幢幢，一个瘦子闪过

鸣着喇叭，开进我的领地
看门人惊道：有这么早上班吗

有。我天天早班，我热爱
一日之计在于晨这样的警句

按部就班

要有空调，有可控的情感
白雪何时变成亭亭玉立的公主
这要看季节的造化
我将剪影钉上信念
来了，就盛装予取予求
我为此按部就班
将桃红色的爱装修一新
旧时光从背上刮下
那些最想成诗的云朵
跟在岁月后面

我想，此刻你与我一样
被牢骚满腹的时间裹着
按部就班地
读诗写诗

你走别等我回头

期盼雨水能浇灌我的秧苗
仿佛一条路还未到黑将黑
你走就是，别等我回头

干裂的不仅是嘴唇还有目光和远方的云层
久不通函，至以为念，是电脑的词组
我要的可能不在你处
而飞行之于念头，心颤越过针尖
写上了箴言的经幡，能否系紧你我
现在已经不很重要

路，飞在天上
同时沉湎心里

轮回快乐

成为自己是从此刻
内心那株信念绽放的时候
浪花的高低
水流的深浅
这些取决于诗人
令人悲喜交加的是
都在轮回演绎
月圆月缺
快乐地开一朵
装满心思的莲

最

最是青山低头的时候
江水不识来路
时间的两极涂上黑白
一端是城一端是村
最
就这样停了
或扶桑远去，或稼穑落地生根
满世界疯长的爱
努力也枯萎着
有些事，拆了才看到
那个影子其实一吹即化了
只有最，坚守着
一片空白

秋叶如花

秋叶之静美
在于脱离所依恋的枝干
无告别，飘然而去
回归大地，轻吻于无声
金黄深红的色彩
是冬春夏和树
依恋情感深深的积淀

秋叶之如花
在于以最美艳的容颜凋零
以最完美的方式谢幕
唯愿人生也如秋叶
如花似锦地走过四季
宛如秋叶般静美

六月，我蜕变成一只鹤

一

松嫩平原繁衍着古老的物种
乌尔裕河流淌着生命的基因
我沿着它们与苇塘湖泊一起
栖息于鸟类的驿站，影生为鹤

木栈道升起来，被疯长的芦苇荡淹没
长短河道凹凸出的九曲回肠向天际涌去
绿色波涛传递着我的寻寻觅觅，风生水起

补水，补水，不断地补水，稳住水位
稳住植被、土壤、森林、草地，稳住平衡
宁静，生存，耦合，稳住安全，稳住鹤

经过水与火的洗礼，我蜕变成一只鹤

二

嗝，嗝，我寻声而去
嗝啊，嗝啊，我为爱起舞
昂首，飞吻，我延颈而鸣
梳羽，振翅，我舒翼而翔

我，头顶红冠，身着黑白礼服
在浩淼芦荡间亭亭玉立执着守望
我，时而鹤舞九天，时而悠然低回

几回远去又飞来，等待我爱的那只鹤

我，临池栖息，对影孤鸣
嗝，翱翔一万里，来去几千年，我等不及
嗝啊，鸣于九天旷野，天涯咫尺间

一举千里，有一种飞翔叫人鹤不了情

三

嗝，嗝，我声交而孕
嗝啊，嗝啊，我胎生成鹤
白云依依，荷叶田田，小舟自横
奇音清唳，澎湃着江海之心

水中嬉戏和天空翱翔的鸟儿
在芦缨摇曳和溪流泛起的银光中
在茂密的风声中寻找爱我的那一只鹤

一条深潜的水禽，隐逸郊野，独居韬晦
一只云间的玄鹤，盘空闲云，养就仙姿
生机盎然，雁翔鹤舞，翩跹于仙凡的边缘

六月，我蜕变成一只鹤，飞上莲花台

第四章　诗句的左侧

诗句的左侧

我撩开重重雨帘，找寻那一丝光
长安街，此时靠在戴望舒诗句的左侧
努力长着头发的我，欲做那个美丽故事的女子
而你却矗立麦田守望良久

夏真的肥了，花瓣像心思卷起
所有回忆于雨中覆水难收
伞影走去，溢出半生孤独

顿　　悟

夹角处，侧身与阳光一块站着
仿佛倒立，路面斜起来
将思维植入石头
此刻才感到
世界如此地空
像一块化石上遁飞的鸟

我笑了一下
似乎醒悟

喊　春

粉嘟嘟的心走迷了
小兽钻入树篱
风软起来
喉咙痒痒地喊道：
春，久违了

我要拥抱春天
春天拥抱万物
万物撒欢地开心
因为生长的欲望又来了

冷吧你们
我不怕
因为前面有我的期盼
那就是春天的一切
来吧远方的风信子
你这替我背着整个春天的人

一 坨 泥 巴

对了，你猜到的就是那个前潭
穿过隆冬厚厚情感的季风
正是那热乎的火团
燎烤过我的叫作爱情的太阳

我确证，爱了
这寒冷不再彻骨
我情愿埋在心底的万朵雪花
情愿捂化成水的姿态
来宽待你北方的黑土
直至我们不再是一部传奇
而是扑向永生的
一坨泥巴

熔　断

一个新的机制
触发了连续性条件反射
熔断，自动停盘

熔而断，熔而不断
阀门的开关取决于底线
但情感阈值，上不封顶下不保底

这是熔点，也是断层
更是风险预警信号和熔断控制手段
熔掉看不见的魔手，断了虚妄贪念

把心打开，我发现尽是绽放的春天

好像在路上走了三生三世都没有看到那本枕上的书
于是就纳闷你到底是不是存在或根本就是个谎言罢了
但当又一个春天来到百花开始吐香的时候
我才发现这所有的春天原来只是花季的红娘

我的心思早就振翅欲飞那是几万只蜜蜂才能囊括的欲望
你的出现我兴奋幸福得欢天喜地像个七仙女似的
但我霎时又恨你无比为什么要丢下我走这样长的路
害得我寻找你几世差点要放弃对前方的信心

今天我终于把心打开期待你再不要丢下我不管
我要悉心培育你成为心里永生的花朵长胜不败天天吐香
那将是我万千心语指使的蜜蜂前去你怀里采吸甜蜜的努力
更是我将爱情的花朵当成生命来延续的所有契机绽放吧我的董郎

游弋，澎湃的春天

或许，只是素面朝天
太久的一眸却发现了淡雅的新绿
于是我的倦意不在
遇见，刚好抵达这个澎湃的春天

我欲将一生贪念赊下，都给你吧
千倾红颜，万亩良田
春燕的呢喃和风柳的耳鬓厮磨
我借着柔和的风势
倾泄成蓝天碧水
半生心念结草衔环
怀里的冷暖开成羞涩的花朵

我把岁月旧事擦了又擦
明净的马路留下最新的足迹
我还将囚禁太久的灵魂解放出来
把市嚣和世俗的诗行抛到脑后
只留下一丝感觉
交给发梢，去游弋
在这个澎湃的春天，我和我的所有
覆水难收

模拟的树

现在我的心情长成了树干
眼光是穿越所有的利器
于是我将那些善良捡起来
找到一个安静枝头放好
剩下的，我就去扒拉
这过程真好笑
竟然使我自娱地静观了一番
那些落叶般的曾经我像个傻子
误将鸟语花香吞食

现在我将手伸出抚摸白云
清风为我沐去旧尘
一树的新春看着前方
有个山峦给我倚傍
这样就世界安详一切和美
我会笑着走过所有景逸
坎坷被踩在脚下
拥抱我的全是温暖的阳光

如　　初

就是在那个拐角
我与如初相对无言
平添的一把风沙
微笑深处的几条河流

那是我吗
奉天承运恰似婴儿状
为了吃饭
一年四季奔走
像月儿一样勤快

那一朵桃花
还是回到你的园吧
三月已经睡去
我的心如初
站在一株树下
梭梭
复梭梭

梦　田

每个人心里都有一亩田
我的田在哪里
每个人心里都有一个梦
我的梦在哪里

种子都快发霉了
天色也要傍晚了
一地梨花铺成满目春风
虚拟的未来
装不下那个不醒的梦

一 掬 阳 光

在我很冷的时候
一句问候扑面而来
我霎时忘了夜已很深很暗
眼睛装满全世界的黑

于是我沉入深蓝的海
动荡的内心
被多情的浪花卷腹

那是前天或明日的安排
一掬阳光，美丽的希望
不过与山分享
海水会更加温柔

我在身边放置了一本书
内容都是书写阳光的
而阳光却嵌进柔情的水里
演绎着旷世不绝的爱情

时光如水

俗称，时光如水
于是我就在这水里捞上些忧伤
我还站立水边
倒影里边的我稚嫩至极
还相信未来的今天会幸福无比
我真的很幸福
却被水淹没掉不少稚嫩
能留下的
只是一条伴我枯燥的路
路边结满老树叶的梧桐树
和越走越远的
关于爱的箴言的足迹

时光如水会清洗掉什么
都在心里了
而今看着自己贪玩的水中倒影
至多，笑上一笑
就被铺面而来的晚风
吹散淡淡的愁云

冷抑或热的解释词

无论有关还是无关，说了
最好是做了，没有间隙
往往，最好的品质在深处
最大的欢喜是无声
神马算什么，不提就是

心是热的，脸就会热
外面很冷我去慢慢融化
心理学家的公式解不开心间
我冷暖自知浮云只当浮云
再无需对季节解释
被困着的人心，还给自由吧

地主婆的遐想

忽然一天，我变了
变成一个地主婆
做了地主婆的我好幸福
西域的辽阔，那几十亩良田
都是我的翘首以待

我于是在大地上排兵布阵
以农民的姿态在春天里写诗
我还紧跟在一个地主身后男耕女织
注定被斗的命运让我们沾沾自喜
浇地，施肥，锄草，灭虫
爱情的秧苗郁郁葱葱

我们还计划一场盛大的婚礼
天地之间赤裸的苗儿
没有任何心机的风儿
炽炽烈烈的大太阳
和爱逗趣的那些雀儿们
都是我们结婚的证人

还有，最后的一个梦
我用等待的心情进入
只当万物到了回家的时候
地里那些秧苗也该收获的日子
我们夫妻也该振奋一下
为哺育了一生的孩子们

荷　香

不浓郁
不扑鼻
不香飘万里
只在你安静
贴心的时候
才能体味
荷的芬芳

静若处子
心如止水
美若天仙
荷的香
若我
一塘的心意
对你予你

最没有诗意的一天

最没有诗意的一天
买了点主流药品
可就在过马路的须臾
却感受到一个人的心跳
跳在我的心里，默默无语地跳

真想告诉他，其实我也会那样
很不以为然地看看天
并清高地说出
花开之前，我会愉悦地走开一会
一个快递员送来心做的石头
那石头就是跳动的心

羡　慕

那两只鸟啊，你们如此胆大
爱的肆无忌惮
山崩地裂的语言，灌入我耳
好羡慕你们，那样简单的爱情
没有自己的房产，用嘴衔起爱巢
就是一年，一代，一辈子

好羡慕
你们淋漓尽致的姿势
世界万物在你们面前黯然失色
我也因对你们的羡慕
给思想披上金色的羽毛
陪一株老树一块
慢慢老去

叮　　咛

见过风雨打招呼吗
还有小鸟依人般的憨态
大约现在我就是这样
与冬天握手言和，与
春天努力生长
现在，你被盛夏的浓妆簇拥
那些花鸟的甜言蜜语
城乡结合部四起的风声

我，顾不得了
因为，昨夜预报
雨中的爱人就要回来
我时刻担心路上的泥泞
湿了我在他耳畔的情意叮咛

结　香　花

你颔首低眉的样子
像在梦中，你梦见了什么
一定是梦见了你的妹妹丁香
那百头、千头、万头的联姻对

结香树下一团团荫庇
我闻到了丁香花雨中的愁怅
还有桂花秋风中的馥郁芬芳

结香结缘
我解不开你的心思
一定是雪花托梦给你
让我的情话在这里打结

那低头寻思的花儿
是不是千头万绪，百感交集
才落在这结香的枝头，含羞绽放

云上的日子

在云内
我躺成万里霞蔚
揪心的泪珠
忍着

八千里路的生活
亿万颗星星的重量
那些秧苗拔节的孩子
我再不会虚拟一场雨
面对焦渴的一颗颗心思
忍无可忍地
将喜泣的泪雨
泼向人间

延安的一个回眸

在延安的某条小路旁
我穿过树梢，看到一个塔尖
于是耳畔就有交响曲响起
隆隆的炮声，生命倒下的声音
还有骨头炸裂的姿势
我的神经低垂下来
与那些虔诚的小树一道

我记得延安有过象征
群山把这里高高举起，像一面旗
而那时候树小我也小
如今我接近你
像接近树旁一位朴实的老人
真的有点容貌模糊了
这是不该发生的事

我的背上曾经被刻下过一些字
清晰过，又模糊了
现在我紧攥着这些字
它们却疼着喊我
孩子，要懂得止血

让太阳慢慢老去是我的年龄

那些花啊花
雨露下的隐私
会将问题解析得十分明晰的时光
也可以这样那样反复无常的灰色

总之呀总之
你们我们的都这样那样爬行在太阳的表皮
和花比赛美丽，与月色暗角着心机
你呀我呀

现在我从大伙的眼皮下困顿
某些皱褶生育在内心
就让你我的年龄相交在一起吧
我们伏在同一个窗口，看太阳慢慢老去

刚过黄河

黄河之水天上来
是发生在雨中想你的时候
那刻你说刚过黄河

我看见
李白举起了酒杯
一夜狂饮到海边

我看见
南水北调穿越黄河
川流千里再造一个神话

君可见
黄河之水天上来
奔腾到海不复回

而你
刚过黄河
身影奔腾着，流入心田

有些不适，如果仅属太阳

假如被风反复抚摸再疏离出几米的
内里的纹路有些不适或虚无
而远处飘着歌或摇曳的鸟语谎言

这个全部被你包裹着的
能否解放开，那丝丝缕缕的阳光
能否，能否给予扎扎实实的鱼块或字句

让目光旋转落地碎成浅蓝色的雪花
认识这所有，闪烁的或否定之否定的
再回头却，已有新的光埋进预设的思考间

我想，停下来一会

西安有雨，气温下降了
休假的时间正在一点点流逝
和往常一样，大概惯性在作祟吧

我的心想停下来一会
什么也不想，把所有都清空
像个文件夹似地，做全选的删除
声音，网事，思考，像个白痴一样

但唯一要留下的是亲情
团聚着，我们不离左右
我真想把一切都停下来
就像现在这样，活着到老

我们一块吃饭，睡觉，坐着看看对方
一家人如此地安详，暖融融的时光
老人用目光在抚摸，孙子傻傻地发笑
这所有，都让一场雨覆盖

躺一会，让所有都安静下来
奢求的，计划的，攀援的
还有，当然还有我想着的诗
你们一起都，停下来吧

星　期　三

一样是天高云淡风轻水走
心里的与心外一模一样
时间打包，记忆欠费
星期三是这样来的

把诗意的内心关起来
闲情典当一空
蛛网似的四周暗流涌动
要准备几个方案
报告走进程序
前天的事情转存下来
我仿佛正在静候
星期三之后
时间会更深些
把爱意紧紧地拥抱
伴随夏天一起
呼吸，来临

到底我是一颗女儿心

有时候啊
我会大发脾气对别人
但后来一想，还是算了
得饶人处且饶人吧
像这个除夕一样
完事终都会消失得无影无踪

有时候
我又会很认真地对待别人的一句话
认为言不由衷却出自心扉
可是过后就想算了
谁会是说话的楷模
当年的信誓旦旦都化作了泡影

有时候我很自责
以为好多机会擦肩都是没有好好把握
不过时间依旧向前推进
久了也就感觉不是自己的莫强求
那些总是和自己过不去的到底不属于自己
放弃也许正是最好的选择

有时候我又自勉
算了吧，一切都要随缘随性
世界不是完美的就和人的不完美一样
该好就好该坏就坏理想正在前方

身后的都是找寻不回的我该看着前方
和过去不愉快的事物都做原谅吧

所有真相就是这些
我到底还是一个女儿身
怀揣着一颗柔弱的女儿心
当我离开西安一路飞往最南的南边
向北瞭望时就像看到了昨天的自己
算了，还是前方啊前方我们都在前方

都市的城墙

或许被围得太久
都要忘了这都市的城墙
可到底它是存在的
不仅围住了春秋四季
还围住了我内心的阳光

不过你秦俑似的姿势
简直太呆板
每年我暴走留下的脚印
被你嵌进历史
尚有我内心阳光折射出的
都市以外的人

你到底没有围住我的鸟
我飞翔的思绪
我内心的一念祝福
就好好妥协吧
于今年中秋的明月下
我会将身影，靠在你胸前

这个路口
临江，傍山，呆板
源此我，才走来
在这里等你五十年

当我给一江铺满粉色霓裳
内心的双臂早已张开
你山上的春枝，却僵在风里
把种子的梦魇丢在路上

这个路口
成了一道门槛
门内，我明媚的春天翘首
门外，你苍凉的秋天凋零

困　惑

我不知围城内外有何不同
我不知秋风为谁而来秋雨为谁而下
我不知天上到底有多少太阳此起彼伏
我也不知月亮为何阴晴圆缺变化多端

我像一枚不知秋的叶子
像一场收放不自如的秋雨
像一个只会傻笑的太阳宝宝
和一弯以曲为美的月亮仙子

我不知为何人与人的距离那么远
我不知为何心与心的距离那么近
我不知为何那么多美好的辞藻都没用
我还不知为何野火烧不尽春风吹又生

我怀着一颗赤子的心
像一个不识水性的蛙人
写一首失去意义的诗赋
和一曲雪上加霜的秋意浓

我不知灵与肉竟然还可以分道扬镳
我不知肤浅的快乐和深刻的痛苦为何势不两立
我时而庸俗时而脱俗却总是水火不相容
这样的困惑够了吗，远远不够
困惑才曙光乍现，困惑正渐入佳境

山在那里

山在哪里
山就在那里

翻越的高度不一定是山
跨过的小坎一定是山
从挫折和低迷中站起来
我就越过了一座山

山在哪里
山就在那里

凸起的不一定是山
凹进的一定是山
从坎坷和陷阱中站起来
我就越过了一座山

山在哪里
山就在那里

自诩的不一定是山
口碑的一定是山
从固步和自封中走出来
我就越过了一座山

我在哪里
山就在哪里

石　的　海

石的海
沉默的海
凝固记忆的浪花
澎湃海枯石烂的神话

石的海
坚硬的海
高山云水的波澜
诠释沧海桑田的变迁

石的海
岩屑的海
天崩地裂的幸存
见证坚贞不变的爱情

石的海
苍茫的海
潮汐折叠的时光
躲进顽固石头的沉睡

石的海，海的无字碑

供　　诗

我把诗供得很高
但还没有举过头顶
因为我知道
天外有天，人外有人

我把诗供得很高
和我的信仰一样高
但还是没敢举过头顶
因为我知道，三尺之上有神明

我把诗供得很高
可以高过我的生命
在菩萨拈花一笑之间
我的膝下铺满了诗魂

第五章　雪又白

雪　又　白

见到你的白
我用整个身心来崇拜
可是我找不到用什么词汇表达
我的语言太苍白
苍白的像雪一样纯粹

雪太白
那白匍匐在地
却铺满了我的表白
我把昆仑玉一般的雪捂进胸口
来典藏我对雪白的热爱

雪，白色的道场

大致是
最北方的暗语
也要用白来诠释吧
这生灵每一朵都有魔法
微尘扫净
我清凉的念
静下来

豁然，天净沙般
了却是白
为所在的生者弯下了腰
你当那无味
却给我花香暗潜
白，最后的信仰
点燃尽头纯净的
孤灯

馨田淤塞一半

三五顷烟柳依着嫩草
有人说这是个水灵的幽梦
我误入苏堤飘雪的馨田
望东坡孔桥浸墨
几只花鸟呢吟八股
那素衣女子的倒影湿了心情

此刻还有春潮隐隐
三潭倩影藏着清脆与恬静
绿意多深情谊更深
西湖上长满青苔的故事
馨田淤塞一半
禅机似交给鸟鸣

自　问

于风向，之于高原
是没有任何意义的
我选择白雪铺好的床
从梦里抽身出来，自问
这千年的雪，到底
包含多少圣洁

自问是不是很顺意
要看历史上仁慈的雪
我们包容，无关寒冷
像缩进云层的太阳，我们
缩进历史伤痕的里面
设问：以生活的态度好吗

而对话，与内心
据可靠的，与不可靠
所面对的与背道而驰，白雪
全部包容，最后留下孤独
一个人那是不是我
自问设问：我还好吗

春天，请跟我来

春天，请跟我来
请走过阳春白雪的韬略
走过我那曲径通幽的小桥
伴着心思融化走过隆冬的泥沼

春天，请跟我来
请走过傻傻的一滩爱情草
走过我们自己的藩篱
走过咫尺天涯的牵挂与念叨

春天，请跟我来
请别跟着摇摆的柳枝去造谣
坚定地跟着我去大地申讨
以根的毅力发奋叶的性格低调

春天，请跟我来
别跟在零乱的花瓣后落泪
请走进阳光的最里面
分享这大道朝天的美味佳肴

清风下爽朗的滑翔

那白铺天盖地
那白掷地有声
那是梦里任性的诗野
那是爱的铮铮诺言

我在旋转舞蹈
那漫天飞舞的白啊
像密不透风的暴雪
更似相爱的蝴蝶

我在这白色的世界飞翔
像大海里的一叶白帆
像蓝天上一朵白云
而你让飞翔的我如此爱恋

我俯冲下来犹如清风投入春天
遍地青绿色的纯洁理想
伴着这无极限的白
一起驶入山巅

香　雪

不是雪，是白鹃梅
漫山遍野地把香撒开
我就疑似那就是下在夏季的雪
是香雪

我还好像听到了声音
是裹着鸽哨的那种清脆
距离爱情很近
距离我的心一步之遥

我仿佛连孤独都忘了
回到那个冬天，回到北疆
记忆的天空还是那么蔚蓝
像天山的传说一样美好

静的起起伏伏

感觉到阳光，就是阳光
感觉到远方还在远方
但眼前一切不动
起起伏伏地纠结
雪依然白色地幻影着
一个荏弱的漩涡
那些深深浅浅的脚印

已经不知道了
但感觉还是感觉
静，让我的想念失聪
只借树椏上的层层鸟鸣
祈福路上的行人

空

忽然感到了空
世界真的好空洞
像被装进一个气球里面
看到的和看不到的
都轻浮着
飘起来，飞在对面
我的头朝下
所看到都是草根
心里空空的
脑袋没有一点记忆
活着都不知道是什么
更没有憧憬
所谓雪只是一个幻影
下到前世
此刻我，只用诗
记下一盏空中的灯
像一个猜不透的眼神

水　音

有一种声音很美
仿佛带着潮湿的记忆
我从天山的相册翻出
那一张响着鸽哨的照片

我的相册
贴满了水音潺潺的记忆
那一定是白雪的化身
浸潆着我的童年歌谣

我都不愿合上
在远方的那一页
白绿相间的更深处
有一曲被水缠绵的乡音

新　雪

像白银投落九川
春风吹来的这新客
最新的白，云的细语
疑似嫦娥绵绵的水袖

我又仿佛误入
策兰时代的记忆
雷电和雨的精与灵
最早写下圣洁

落在春天的这新贵
是盎然的生机和希望
我看到茨维塔耶娃的身影
从早春旁边走过

一棵种在心里的树

大雪轻寒，我的心却温暖
扫开天的窗儿，我腾开一片
让它下雪，下白色的花儿
我再去过往，寻觅我的种子
扎几个红色的灯笼
照着我挖坑的汗点滴入土中
这样好了吧，我内心的陪伴
学步的狐狸，部落里的野香秀
我的心在开放
深深挖开，让它进来
有雪为伴
蛰伏着，努力发芽

太 白 的 雪

太白的雪，你不用说
我在四季都能看见你

太白的雪
白在石海的风霜中
那一层层的昭示
咸的像盐，甜的像糖
更多的像是面粉或是米粒
供养着天南地北的知己

太白的雪
白在蓝天的云朵里
那一朵朵的盛开
浓的像霜，淡的像雾
更多的像是银河或是流水
浇灌着东方西域的旱田

太白的雪
白在闲庐的几案上
那一页页的书香
远的像岚，近的像荷
更多的像是马蹄或者风声
召唤着古往今来的隐士

太白的雪，不用你说
它四季都下在我的心海

听　　雪

空中飘来一首歌，透亮的歌
天上飘下一朵花，晶莹的花

闭上眼睛，听见雪
山里的泉水，田野的溪流
心中的雨，海底的蝶贝

听见雪，和雪的名字
长安的最后一枚秋叶落了
珍珠收藏了雪的颜色

雪的名字，被雨融化
在心里，听一场旷日持久的雪

雪下在了我的世界

雪下在了我的世界
留白太少，太少，再多点
对，留白，没有比白更纯净
的色，就留白，再留白

雪下在了我的世界
向西败北的白，白色的墙
白色的床，白色的梦，梦的白
是雪域高原上的一轮新月

雪下在了我的世界
是这幅画的留白，这段文字
的留白，我的世界的留白
除了白色之外的留白

一场失忆的流年

词汇像雪片一样飞
秋叶像金子一样落
一场失忆的流年
记不起今夕是何年

猴年在即马月不远
语言雪白秋风金黄
何必问今夕是何年
何年又是今夕

人生就是一场场
失忆的流年，流走的是
岁月，留下的是印记

孤独才是真正的自由

一个人，呆在一个地方
沉默，静音，东方将白

孤岛上的鱼或鸟儿
潜游深海或翱翔长天
内心的快乐是深蓝色的水

触手可及的白云，白珊瑚
雪的风情万种，妩媚舞翩跹
泛起白的涟漪，白的波澜壮阔

鱼拓或鸟书，竹笺或丝帛
把狼毫换作羊毫，挥毫赋雪
晓来凝白，孤独才是真正的自由

雪　痴

今夜，我在想雪
想你六角的粉蝶
柔软这腊月的硬风

今夜，我在盼雪
盼飞舞的未央花
刷新这阴霾的天空

今夜，我在等雪
等到凡花都谢了
冰释这一江的春水

今夜，我在读雪
读白了你的容颜
月儿说你别太痴情

今夜，我知道雪
有那么多人爱你
但都抵不过我的痴

今夜，我是雪痴
不只在今夜每天
想你盼你等你爱你

雪 如 梦

雪，我再喜欢你
也不敢把你捧在手心
我怕你化了

我把一块和你一样
白的石头，捂在胸口

今夜，会有一只雪狐
潜入寒冬最温暖的梦乡

一粒雪正在融化

你正在从我的唇边滑过
你是知道的，你知道一粒雪
是如何在瞬间飘落的
你知道一粒雪的来龙去脉
却不想知道我在哪里
又将去往何方

你知道一粒雪的远方
远方的雪可以融化的
不管你是否觉察到
一粒雪正在融化
泪眼的期盼
可能成为十五的月光

雪　　魂

种银粟，积玉尘
孕云中胚胎，凝水汽之华
冰晶凤凰，涅槃重生

披着缀满雪花的嫁衣
我嫁给了这场初雪
我以一朵雪花的姿态存在
和无尽的冰霜一样久远

必须行动起来
继续召唤冰雪和寒风
找到寒冰射手
守护雪的灵魂不被招安

喜欢雪的理由

不会因为伴随你的风，和寒冷
而疏远你。不会因为你姗姗来迟
和屡次爽约，而抱怨你

喜欢你风雨兼程的秉性，喜欢你
与寒风相伴的无畏和执着。喜欢你的
冷酷，喜欢你给点温度就融化的知恩图报

喜欢你的宁静和淡泊，喜欢你天使般
冰清玉洁的绽放。喜欢你一视同仁的眼界
博大的胸怀，和无私的给予

喜欢你的一切。最喜欢你的白
也知道你白的前生和来世，不一定白
但我喜欢你今生的白，和你洗礼后的所有的白

雪花飘进我的梦里

乘喜马拉雅的天梯
听香格里拉的传说
六瓣的风信子盛开
雪花飘进我的梦里

撒金刚菩提的种子
诵般若波罗蜜多经
六瓣的彼岸花绽放
雪花飘进我的梦里

回北疆的冰河世纪
传丝绸之路的驼铃
六瓣的蓝莲花微笑
雪花飘进我的梦里

携灵魂的自由伴侣
像远方的白色飞鸟
六瓣的百合花完美
雪花飘进我的梦里

雪，永驻心间

宅在家里，也可赏雪
心里的雪花飞舞大雪覆盖
这是一种秘境就像是六角的
花瓣共用一个花蕊和一种花香
这不是幻觉而是心里的坛城

天山上的雪莲绽放的样子
雪域高原的雄鹰展翅的样子
经幡飘动的样子和转经筒转动的样子
蓝色的白色的红色的绿色的黄色的
都在雪花纷飞的思绪中飘落坛城

雪的坛城是五彩经幡的道场
风念经，雪念经，我念经，我念雪

路上的雪花

我知道，雪花你在路上
分水岭山上我们说好
你会如约而至在新年美丽地绽放
可你迟迟没有前来
一定是天上的山峰太高
你要使劲攀爬

昨夜梦里阒寂
那不正是雪花前来的兆头
我于深夜和衣而栖
只怕误了与你相遇的机会
算来真是幸运
我只将一粒爱的种子埋下
岭上就插满猎猎的旗

我为什么这样喜欢雪花

这样跟你说吧，朋友
巷口，街道，急匆匆的我
古城坚如磐石的虚伪
急如蚂蚁的躯体们，包括我
我实在不喜欢这些，包括我
吃下一把把时间酿造的情感诱惑
在旁边是雾霾沾染过的微笑
马达的怒吼毫无道德可言
兄弟自残为得仅是一个谎言
太污浊了，那心思
我于是想起了白
怀念白的花朵，雪的容颜
我大概就是一个洁癖病患者
为什么这样喜欢雪花，你知道的
因为，我希望整个世界
都如此干净地存在，包括
我孤独的灵魂

雪，彻夜的梦靥

反侧辗转几多纠结
原来那雪影还是白云的标本

梦并匍匐，捡拾丢失的嘱咐
雪水浇灌快要旱死的根
也消融不起爱恨

歪斜踌躇那足痕写意
摔裂热心，给谁解
我欲剖腹把月光放入
有些明白都是无语的自然

雪影绵绵，却把
深深的一抹记忆
浅浅的一双脚印
交给
梦靥里捂化苍白的雪花

你懂得割裂或蒙蔽

一定是雪，才有如此本领
自上而下做白色的叙述
白色寓言和舞蹈
可惜，你在抚摸
空间大地树影和人的冰凉的心

有谁解你千里迢迢
沉默化作微笑却白发飘飘
那掩饰的勇气，自甘为泥
需要多大的心痛才
割开那片藏着相思的云层

算了，这句
粉红不再的自勉
千山一抹，都归梦靥吧
兴许，吐香的桃花
只是开着的一朵彼岸

白　蝴　蝶

飞，来了你那飞
会飞的翅膀，多情的教条
我被迷蒙了眼的银色，这个诱人的金贵
两个天空合起来了
三个太阳也拧起来了，没了

现在
整个，所有，全部
都是你的
我是你的，他们，都是你白色翅膀下的活物
嗨飞吧飞吧
从我的梦边儿飞过
从我心思的里面飞出来
给这整个，所有，全部
展开，合上
我会高兴地唱啊笑的
把热热的泪
涂抹在你煽动的翅边
去韬略
也蹁跹

哈耶，雪

到底还是来了
我们都该去到历史的事物
包括雪，和被雪藏的所有

我是在想
你能不能比白更白
比诗再多些诗意梦幻
多些优雅的欢欣
像雪地里的雀跃一样磁性

我醉了，好温馨的灯光
而夜色多么不想离去
太阳又极想早早到来

哈耶，雪妹子
太妒忌你的婚纱了
那么的洁白，像我的心思一样
冷艳，又纯粹

我是用幸福撞开清晨的

信不信由你
真的，我是
用幸福撞开清晨的
多么晴朗，雾霾也懂得让开道儿
迎面都是开心的招呼

那一泡儿一泡儿的
是都市落下的奶油蛋糕味
藏在怀里的小心事，炸开了花儿
遍地的开心粉嘟嘟
把我团团围住
我一下成了白雪公主
把幸福铺成遍地
雪白的笑靥

一场雪的救赎

天上，地上，你飘来
你以你的洁白，覆盖黑

山顶，脚下，你落地
你以你的轻描，淡写沉重

河里，岸边，你游过
你以你的包容，融化块垒

白天，梦中，你穿越
你以你的悄然，唤醒我

白　夜

一

失眠的诗句怀抱梦想
它们要遥望星空跨越银河
把子夜抒情成一条蓝色的河流
鹊桥载不动一叶轻舟的无眠
或许它们永远难以抵达
但这不是放弃航行的借口

二

梦的指尖温柔
难以弹奏风的无常
雨的长句短章
难以书写云的留白

三

夜，不是黑的，也不是白的
请不要用颜色来描绘这个世界
因为我不想去分辨它们……

四

天空归于黑夜
一朵睡莲绽放白
天空白，世界也白
我在一个留白里绽放

白　　雨

我穿过一场白雨
一场白色的大雨
雨在我的眼里
总是绿色蓝色的
甚至是粉的，但如今是白色
白雨落在像黄昏一样的黎明
它要变作铺天盖地的灯火
或是星河，照亮彼岸
白雨，别这么配合我的心情好吗
我想你是蓝色的，粉色的
就像那溪流的颜色
和桃源的颜色

雪藏

风驾云，雾追霾
雪抱琵琶，天色纠结

冬捕撒网，水面撕裂
山体和大地的心律不齐

寻找血管，注入解药
给焦灼的内心撒一把雪

不抱目的，也不追求意义
专注，缓慢，回归初心，雪藏

第六章　我背着故乡的期诗起程

我背着故乡的期待起程

如今的伊犁很好吧
我飞翔的鱼群，内心高蹈的白杨
山脚下被囤积起来的白云
我不想了，要出发的心嘤嘤如泣

今天我搬不动一个汉字
浑身不长力气，草样凄迷地萎靡
从抽屉里翻出过期的机票
雪片飘过多年前的眼帘

我背着故乡的期待，起程
心里念着的花城，一路绽放
而再矮我也要攀上那雪山王子
喀喇昆仑山脉的，乔戈里峰

现在我正在培育风花雪月
日记写给伊犁，厚厚的一沓
舞姿用白云缠绕，百灵鸟的歌喉
植入春苗，追逐太阳坡上天马的蹄香

想　　诗

犹如想故乡
想万水千山总是情
想惺惺惜惺惺
想来去自由
想写的那些字句

想到最后
只剩下我一个
傻傻地想你

至少还有温暖的太阳拥抱

即便是万物枯了再荣
也有一个尽头
前方的路虽坎坷也有坦途
我积攒了几十年的力量
就是要走出藩篱
所以请喧嚣不要再来打扰我的安静
请雾霾远离我的内心
我就是指鹿为马把北疆当作我的爱人
也不愿整日悲秋伤春像个病人似的
我即便失去再多可贵的诗句
至少还有温暖的太阳在怀里

每一个清晨我都踏着露水赶去酿造生活
每一个傍晚我都拥着金色赶回家里高歌
每一回趴下我都想想北疆他的伟岸
每一回站起我都把前方当作永远的目标
这就是我甘愿独肩挑起的生之信念
这就是我敢于藐视困难的坚强动力
当我失去所有变得一贫如洗
至少还有温暖的太阳拥抱

被北疆牵引

伴随春天而来的还是北疆
我忽然想起来许多花事
桃花杏花梅花菊花牡丹花等等花
它们的心事蜜蜂懂得
如今我的心事也要找到归宿
我一辈子的北疆啊

我梦里梦外一路向北
我越走越亲越来越好
我被北疆牵引义无反顾
我终于走回到出发的地方

洁白的怀抱拥我再紧点吧
你给我爱的力量再强大点吧
我用一生寻找的爱人
原来就在这里——我的北疆

第一场春梦

读着春眠不觉晓
我在立春夜突然失眠
冬天的雪花开在春风里
不知道该伤感还是激动

江南的泪花飘成了雪花
北疆的风光依然白雪覆盖
西域和东边的小伙伴早已酣睡
我在立春日守夜种下第一场春梦

也　许

也许
此刻在远方
有春天迈动脚步的声音
有雨丝和情结发生
但我的世界
黄昏倦了
柳烟的舞姿涂上夜色

也许，就是这样包容一切
大山雪域
和我的所有

复　　制

当钟声耳边敲响
才知道
长安城的雪
和以下的一切，都是史前的复制
而
我只有一个期待
与北疆那棵白杨的对视
会只是
一个人的风景

独 坐 黄 昏

我知道我在独坐黄昏
有暮色薄云衬映长安风景
我的情怀古典如宋词
那一会，牧童隐约归来
以及月下辛勤耕作

这是我设置的一个世界
薄暮染红鸽哨
初萌的星辰被爱诱惑
晚风轻送未知的讯息
多梦的田园，鸟舌吹拂百花

在此，起步或者徘徊
我的心数次敲鼓跃跃欲试
风中慢慢伸展思念的触角
而落霞渐熄
水畔的白鹭顾影自怜

我被潋滟的时光映衬
梦境有白云醉倒的雨丝
那些寄情的酒盏空着
是它们陪我捱过漫漫长夜
在北疆，白杨依然翘首远望

我其实知道
春是大地的节日

那一件件茁壮的绿衣
长出了相互的牵念
帆影暮色孤岛一概沉默

西域，千年带锈的铁门
如何能感受我的相思
多想跋山涉水去看你
做一束破门而入的月色
镶进我们的故事

我唯一的愿望
雨后虹影可为拱桥
西域的天空，一对恋鸟依依不舍
云月缠绵知趣地隐退
夜未央，谁在星辰末端播种

而我已收藏无数流星
在笑与泪的瞬间
又一颗未老先衰的星体
从梦的边缘陨落

有些时刻很疼

想妈妈的时刻，树上落英纷纷
蓝天忽然写下几行小字
用鸟的声音不断朗诵
我误以为童年回来了
那一张笑脸荡着乳香
然而热泪却从我的眼睑流出
混淆整个世界

我再看到的是一群孩子
脸上依旧长着笑
他们从我的旁边穿过
像时光穿透岁月
给我的心边留下痛感
就在夜很长的时候
我是依着这疼，想起来妈妈
随后被充满爱意的梦吞没

母亲，看您来了

俗世的规则约束我只有这日子来看您
清明，思亲念故的分水岭
我以一株草的姿势给您下跪
和草依附大地一样
思念的根深深扎进母亲怀中

您把给我所有的爱，都长成膝下草
一年年都要按时来抚慰我
您的身影我每次想起都心疼
那会我懂得了生命是什么
瞬间来息间去，风一样急匆匆

自从您走后我觉得整个世界都空了
每年摸着这些草去感觉您才有踏实感
摘下一朵带露的野花
把它安放在您的墓碑前
母亲，今天女儿看您来了

残　月

我于荒芜的时间下
数五十二片月瓣
一些种在心房的隔壁
一些放养天山喀纳斯湖畔
不要唤起忧伤
牧羊人的哈达与残月
都在我的体内开花
像月一样
燃尽相思
只等春下
萌芽

丰　水　期

我拿着周易测算命理
有一朵红艳，两顶华盖
火力太旺需要大量的水养

于是我走在找水的路上
黑水，蓝水，白水
都归拢到我的吉位北疆
我终于进入丰水期

你发烧了吗

你热得抓狂
我热得写诗
你问我：你发烧了吗
有微光投来
凝固着一些暗影

我想起那时候
在北疆的大巴扎
那个卖毯子的维吾尔族大爷
当我拦腰砍价他的精美地毯时
他捂着自己的额头捋着长长的胡子
问我：你发烧了吗
然后怕手中的毯子继续缩水
一把抓过我的手放在他的手掌心
用另只手使劲一拍：成交

诗热得抓狂
我热得写诗
诗问我：你发烧了吗
有微光投来
凝固着一些暗影

我 识 春

我以为你是生命，不然小草不会复苏
我还以为，你是胸襟宽大的菩提
否则，小草这样卑贱你也不会吝惜给予它们生机

这春暖花开，远方淡然的新绿
这清新的风，湿过的那一截木头似的心
我要吐纳新的胚芽儿，蜕变成蝶

我将所有愁绪沤制成肥
把再多的纠结化作甘露入墒
去我的北疆开出一片安良的净土

这样，我的春天就有了
大约和他们的有所不同吧
因为我的耕耘会埋没许多阳光和月色

我就是如此经营自己和这个春天的
滴雪为泥相思做了良知的种子
整个身心获得了新生，去春天沐浴爱情

傻

我是什么时候变得这样傻
路走在别人的世界，心安放到远方的北疆
我看自己却不认识那个早先熟悉的名字
老要将岁月后移再后移，觉得才三十出头的样子
面对的是二十几岁的微雨和，开心的百合
我真的不认识自己了，被远处那一声暖一声凉给迷惑
惆怅和欢喜落了一地，清风款款吹拂我也醒不来
我喝茶呛水走路失足做表格填错位置
电话里闹成张冠李戴吃饭睡觉忘却时间
我看去天空，都是北疆的绿意
低头大地，尽是那蓝色水洗过的苍穹天山
我变痴犯傻成了一个地道的花痴情种
向上朝下身处何处是呼非吸，我甚至感觉倒立

我是什么时候变得这样傻
傻成全世界都可以放下却唯独放不下一个你
把自己浸在一场清浅的细雨中，微晕也愁绪戚戚
嗨，安妮啊安妮

悄 悄 的

我的文字选择在童年的一条路旁
那里有我出生的根
悄悄将生命中的爱生长

我很高兴是荷中的一朵
穿着粉红的花裙
欢喜地摇曳着幽静的花香

我因为小从不开口说话
内心的故事
深深埋进自己的胸膛

我还知道吃了一辈子泥土
命运早与根下的大地融为一体
因此我再不选择其他语言
悄悄地用母语写成文章

甚至我准备好一块洁净的墓地
安置我凋零的花魂
当阳光晨曦散开
我的微笑正悄悄地绽放

向最西的疆域眺望

我以向日葵的姿势
向最西的疆域眺望
有一个小女孩
朝我走来，走来
走着走着，就走进了我
与我抱头痛哭，说
咱们的妈妈不在了
你呀要好好的照顾好咱爸
我说放心好了
每个季节的花朵都是我请来的花仙
我要它们紧紧围绕着咱爸
让他忘却自己的年龄
忘却是咱爸
甚至再回到最西的疆域
回到他牧马的草场
小女孩挂着泪花笑了
笑着笑着就从我的梦里消失
但她的声音回荡在我的心里
“我就是当年的你，你要好好的”
这个声音久久地
久久地在我耳畔回荡
后来像一只雏鹰的眼神
向最西的疆域眺望

和 秋 凉

我在听，一场雨落
冷暖不自知，时光很柔软
有些青涩的记忆，散落一地

我欲将杯水，斟满喜悦
泪花儿盛开，心间并不苦涩
那株合欢树呢，抱紧湿润

遍野都在大声地喊
一声暖 ，一声凉，一声叹息
如是往昔，定会步步走好

然而，秋在凉
心也结满了风霜
好在有雪花，帮我梦回故乡

孤独的目的

孤独地走在十月多彩的街道
我的爱人，他在天上飞
他的翅膀坚硬，目光高大

孤独地倚靠在青草的凉枕
我的爱人，他在地上跑
他的脚步坚实，路途遥远

孤独地游走在美容师的玉指间
我的爱人，他在吞云吐雾
他的身强体壮，无所畏惧

孤独地飞翔在故乡的梦境里
我的爱人，他在青山绿水间
他的游兴不减，流连忘返

孤独地奔跑在理想的森林中
和我的爱人，脚踏秋叶铺就的红毯
十指相扣，回到我们的家园

老　街

朴实的老梧桐，叶子黄了
天空霎时板下脸来
一街的人都缩着脖子走路
有个地方就想钻去
比如商店，比如公交

大地的皮肤，起了皱褶
紧缩着的心思，几圈涟漪
能否轻点这清晨的都市
有个天天走在你心脏的女人
踩疼一街旧日故事

家乡的柿子树

一朵朵红云挂在枝头
那是童年的歌谣和故乡
的记忆，妈妈的呼唤丢在
早春二月，点了一树的红灯笼
也照不亮我们回家的路

红云是天上妈妈的笑脸
红灯笼是乡亲守望的眼睛
橙黄色的果实怀着沉甸甸的心事
采摘的人儿，已远去他乡

柿子树，家乡的幸福树
它积攒了四季的等待和甜蜜
背负着郁郁累累的牵挂和思念
召唤游子们，回家，回家

柿子树和鸟

一树的柿子被人遗弃
树决不放弃自己的果子
哪怕让它老死在怀里
也要把来年的种子留下

一树的柿子被鸟惦记
树用自己的身体接纳它们
情愿把甜蜜的果实作为鸟食
想让思念的羽毛飞向远方

人类的食欲下海捉鳖
鸟的胃口上树摘柿，柿子树
和鸟儿的关系，甜得发腻
而人与自然却渐行渐远

红　月　亮

童话里的红月亮
是白雪公主的红苹果

爱情里的红月亮
是永结同心的红双喜

生活里的红月亮
是合家团圆的红石榴

故乡里的红月亮
是正月十五的红灯笼

我心里的红月亮
是蓝衫知己的红太阳

红月亮，是日月同辉照我身

寻找天籁的过程

喜马拉雅白色的鞭子
珠穆朗玛的风，吹红两颊
我将生命打开，身披五湖霞蔚
一路饱饮万家炊烟，寻找
归去归来地寻找

美，错落有致的山岩
藏着刀子的微风
我闷头走路，哪管姿势
鹰的呼唤就在头顶
另一个影子被夜色包庇

我一定知道，天籁
这我心安栖的吉祥地
就在一步一步的脚前
在日头慢慢栖落的地方

可 不 可 以

可不可以再去流浪
在流浪中回味
有家的日子

可不可以再去沉醉
在沉醉中回味
有缘的日子

可不可以不说
光阴似箭岁月无情
忘记有爱的日子

可不可以
只为自己
潇洒走一回

安

一个安字
触动心弦，惴惴不安
早安，午安，晚安
一天三个安字
就有两条河流汇入大海

安与不安
都在家里的那个女子
是否娴静安稳，若
安得有诗与尔同
就有葡萄美酒夜光杯畅饮

安，你安我安，心河安渡

长安，我只为你来

盛世的季风
吹得人面桃花相映红
我愿随风而叩长安

我只为你来
这决不是娇情
埙和骨箫吹响长安

咏诗词歌赋
才子佳人吟诵古今
鹿鸣起兴琴瑟舞长安

我只为你来，长安

十 笔 长 安

来了，终于来了
迎着三月的桃花雪
驱走倒春寒，写下了
十笔长安的最后一撇

这一撇，撇开了春寒料峭
瞥见了红梅花开，群芳争艳
寒冰绵掌，胭脂水粉，明眸顾盼
凝神静听海的女儿的天籁之音

来了，雾里抚琴
春风花草香，漫卷诗书喜
十笔长安，揭开神秘的面纱
长相思在长安，谁人不识君

白鹿为约

白鹿原上的樱桃熟了
淡淡的甜，微微的酸，刚刚好
花儿谢了，果实成熟了
是不是应该有些许的忧伤

要淡定，要知道成熟是胜利
也是悲哀，要知道无常胜有常
柳条都绿了，可以做笛子
是不是应该去轻柔的吹奏

白鹿听到会回首吧
因为它的原就在这里
樱桃听到会更红吧
是不是应该红的像血

白鹿原上的血色浪漫
由一支柳笛传唱，深情地呼唤：
白鹿，回家……我听到了
是不是应该白的像鹿

原上草依依

我的心为什么会奔突
因为里面流淌着白鹿的血
我的声音为什么会嘶哑
因为我呼唤了很久很久

我的头为什么会沉重
因为里面写满了你的名字
我的眼泪为什么会流淌
因为我想你想得很远很远

诗的本质和我的本质都是爱
我的爱像一只白鹿永驻塬上
我是塬上一棵忠实的芦苇
只唱一首歌：我心安处是君乡

白鹿，我听到了你的呼唤

一场雨下透了
湿透了原上的灵
那一双眸子也透了
还有白色的触角
高高举起的醉
我的眼睛更加水灵
耳垂像雨滴坠落泥土
我匍匐在雨中
倾听到了白鹿的呼唤
他的声音那么低沉
藏得很深很深
我把自己放得很低很低
才能听得见他的心声
哦，白鹿，我听到了你的呼唤
别怪我来得太迟
我会把自己埋在你的脚下
不再错过你的每一次召唤

结庐而居

一

攀爬在墙头的紫藤
叙述着岁月的故事
一只灰喜鹊在红瓦上漫步
啄食着女贞子的果实
漫步在挺拔的梧桐树下
令人骨骼正直，神清气爽
一阵风卷起黄叶飞舞
时光在此刻静了下来
扫地的人沉默地将落叶扫去
心中空无一物

二

一盏盏灯亮着
一杯杯茶泡着
一柱柱檀香熏陶
一茬茬过客走了
闲庐
忙于身外
闲在内心

一曲曲古音唱着
一行行诗赋写着
一杆杆笔墨伺候

一幅幅丹青飘香
闲庐
忙的是庐
闲的是人

三

走进闲庐
盘坐在书案旁边
柔和的灯光洒下来
温暖而惬意

手捧一本喜欢的书
再来一杯星巴克
度过梦幻般的午间时光

身临其境
仿佛置身于另一个世界
远离世俗的勾心斗角
避开凡尘的尔虞我诈
释放自我

心灵的自由
身心的解放
让自己被束缚的翅膀重新张开
去和苍穹的风亲切地拥抱
再次起程

简单情怀，朴素品质
安静而浪漫，就是我的最爱

四

结庐而居
便找到了它的意义
闲的庐，使闲的人
找到了忙碌的价值

闲庐，独立的木屋
一个独立人格的存在
屋檐再小，只要是自己的
陋室，也足够遮避风雨

用木头顶住门板，得闲
与“陶潜”饮酒，得庐
“结庐在人境，而无车马喧。”
渊明又曰：“众鸟欣有托，吾亦爱吾庐。”

透明的心

感怀的时候，心像花儿开了
又像是水，一朵一朵酸着
我们这些人啊，被植入人间后
就紧紧地系着一颗颗，像米粒似的心
你走我走他走，都顺风逆水
不染一丝污浊的光照，绝不
直到，我们将心比心
直到，我们撞入白霜之内
直到，把心都修炼到透明澄澈
直到十年，贴着我们的背
凝固了，一张张的奖牌

月 圆 在 心

不咬的月饼永远是圆的
但不吃，永远不知道月饼的美味

不缺的月亮是不存在的
如不缺，永远不知道月圆的美好

月到中秋，当月饼变成了月牙
人间的月亮才一轮轮合家团圆

不论十五的月亮天上有没有
十六的月亮到底圆不圆，月圆在心
人长久共婵娟，就是美妙的天堂

平安圣诞

点一盏烛光
点亮平安的心愿
在这个夜晚虔诚祈祷
祈祷不仅仅是一个夜晚的
平安快乐，而是祝愿每天每夜
今生今世都吉祥如意。这一切源自
一颗神圣的心的诞生。平安夜，我要为
生命祈祷平安，要在子夜弥撒的佳音捷报中
静静等待。圣诞老人正驾着雪橇而来，送来一场
北疆的雪，美丽的雪花从鹿角飘来一下撞进我的心房

立 春 日 记

一

苏醒了灵感
诗句在立春的沃土
着床，泛绿
暗自涌动的波澜
鱼陟负冰，在深潭
翻游，逐暖……

二

湘子庙，古槐老枝
萌发了新芽
香泉，融化白雪
涌动着春情
转瞬花开，瓣上现一联：
“云横秦岭家何在，雪拥蓝关马不前”

三

香泉里的雪花
从青砖的毛孔中汩汩流出
泉眼里流出神谕的路标
和幽静的田野
一朵朵雪花开在地里
像是禅境的写意

四

游目在立春日
我，依然清冽地呼吸
攀爬在白雪皑皑的山路
山坡上的长颈鹿伸长脖子
像一道金色闪电
刺向冬的心房

五

电光火石里
我看到了 2016 的新太阳
照耀着我的微笑
和绽放的雪花
那正是我在泉眼里
复活的灵感

故乡，请接纳我

故乡，请接纳我
我要怎么证明
我与你前世的渊源
我只能从今生说起
我们喝一条河的水
我们吃一块地上的粮
我们的父母同根同族
我们遗传着一样的基因

故乡，请接纳我
我要怎么证明
我与你来世的相约
我只能从今生说起
我们是一起寻根的浮萍
我们是一朵出污泥的莲花
我们在同一棵菩提树下
我们正奔向同一个彼岸

故乡，请接纳我，接纳我们
在天为比翼鸟，在地为连理枝

第七章　远去的往事

远去的往事

你还是走了，与五月金黄的麦田一起

镰刀走了，秸秆也走了，收割机吞噬了果实
铁匠失业了，农民失业了，粮食没有失业

你还是走了，与漫山遍野的杜鹃一起

风雨走了，雪花也走了，肆虐的气温燃烧了云朵
花伞失业了，童话失业了，蓝天没有失业

你还是走了，与我张开的怀抱一起

樱桃走了，枇杷也走了，眩晕的石头占据了绿荫
桃花失业了，裙舞失业了，美丽没有失业

你还是走了，与锦绣的诗篇一起

长句走了，短句也走了，大片的留白辜负了丹青
修辞失业了，语言失业了，诗歌没有失业

你还是走了，与人间的四月天一起

四月走了，五月也要走了，六月的睡莲
也成过往旧事

错过，麦子熟时

去年，风吹麦浪
我写下许多关于麦子的诗
一把麦粒做了我梦的种子

今年，麦浪依然是风的杰作
我却少了锋芒毕露的容颜
绿色麦苗铺开我的梦田

现在，麦子熟了
我却不在麦子的身边
那条长裙兜着饱满的信念

错过，麦子熟时
还有来年的四季跋涉
还有许多岁月等着我们攀援

我枕着麦子入眠

我曾给绿色的麦田一个承诺
等夏收的时候去和麦浪一起舞蹈
我在朝思的路上搁浅，麦子没有等我

我在收割后的麦田捡起了麦穗
一个戴红领巾的稻草人在向我招呼
带我回到了北疆那片一望无际的麦田

我摘去麦芒收藏一粒粒椭圆的麦粒
记录着麦叶退化，麦穗蒸腾，麦子丰收
我恍悟针尖对麦芒是一种亮剑精神

我用一口袋麦粒做了枕芯
我枕着麦子入眠被麦香挠痒了心
我在暮想中数着麦粒，数着数着到了梦田

麦　　子

我是一株麦子
想着另一株麦子
想着想着就哭了

一片麦田里的两株
一株进了城里的餐桌
一株留在了乡下的田野

城里的麦子说
我的满仓哥哥呀
你忘了当年订亲的口粮吗

麦　　芒

麦芒，只扎亲近它的人
我躲得远远的，它变成流星
划过我的梦乡把我扎醒
它看见我流血了
激动的流泪
它说妈妈说
会流血的人有良心

梦醒了，麦子不见了
我去找麦田，麦田也不见了
新耕的土壤里，含着麦子的血
它们被联合收割机粉身碎骨了
地里种满了金色的星星
我的眼里满含着热泪

金色流星，是麦子梦中的告别
我懂，它种下今生的要我来世去收

麦　场

回到故乡
我找不到儿时的麦场
麦场上是一个院落
却不是我的家

麦场的记忆里有我
家的院落里没有我
儿时的伙伴们
你们忘了我这株麦子

我在麦场的屋顶上
想象儿时在麦垛上看星星
那时候的麦芒不扎人
它撩得我耳朵痒

麦　　垛

我的心里扎满了麦芒
万箭穿心已经拔不出来了
医生说它长进心脏就不怕了
偶尔心疼但不会致命
但如果它脱落在血液里游走
游到大脑和眼睛会不堪设想
我说医生设想一下好吗
如果眼中飘浮着麦芒
如果脑海里游荡着麦芒
会怎样，我不怕你告诉我
医生说你整个人会变成麦垛
一个永远消失的麦垛

麦　客

麦客的镰刀挂在了墙上
它们开着收割机进了麦田
它们看着麦子在它们眼前倒下
它们看着麦子的骨灰撒在身后的土地

麦客的汗水挂在了脸上
它们没有表情只专注地劳作
它们不知道麦子的疼痛和生死
它们清楚有一些麦子将填饱它们的肚子

这是一场机器轰鸣的交响曲
麦田麦客都是金属的一部分

你的镰刀打好了吗

麦子熟了
麦穗在喊你
麦田的梦
被麦芒刺醒
收割的时候到了

你的镰刀打好了吗
我的麦子只等你收获
如果炉火还不够旺
我可以填进你的炉膛

麦田里的诗也熟了
只等你挥舞强悍的锋刃

麦子·诗人

诗人像麦子一样站在田间
随风起浪，锋芒毕露，扎眼

麦子像诗一样站在田间
风吹麦浪，摩肩接踵，扎眼

诗人和麦子，针尖对锋芒
它们扎堆站在田间，谁也不嫌谁扎眼

麦子·距离

我把身体交给麦芒
想要一种万箭穿心体无完肤的伤
想让它杀人不见血

麦芒刺穿了我的血管
一只丘比特的箭穿心而过
我倒在麦子的爱情里

我的血液是流动的麦芒
一次全面的针灸治疗进行着
这是起死回生的历程

我和麦子距离很近

麦子・农夫

晴转多云的午后
思绪万千不用呼风唤雨
就轻轻的偎进了麦浪深处

愿望，麦穗一样饱满
积累成想象之上的厚度
在麦穗和愿望之间
农夫的目光是一杆好秤……

麦子·坚持哭

麦子熟了
收麦的日子到了
麦客却要去远方
麦子哭了
麦客鼓励说
坚持哭
于是
麦子哭着
把麦粒播在地里
又用泪水浇灌
麦子哭着
又长出了新的麦苗
麦子又熟了
收麦的日子又到了
麦客从远方回来了
麦子坚持哭着

我和麦子站在一起

我和麦子站在一起
和那些成熟或不成熟
的麦子一起晒太阳
一起成熟

我和麦子站在一起
和那些或高或低或胖或瘦
的麦子一起等待被收割
一起回家

我和麦子站在一起
为了你，站成一棵没有锋芒的麦子

无浪的麦田

樱桃红了
桃树结满了果子
葡萄已经爬上了架子

天塌了有大个子顶着
风来了也有大个子挡着
塬上的麦田，风吹也无浪

塬上的麦子
低低的静静地站着
它们不相信俗套
无风不起浪，有风也不起浪
无浪的麦田的内心波澜壮阔
它有一颗金子一样的心

风吹麦浪

去年这个时候
我在故乡的麦田里
今年这个时候
我在古城的窗台上
我看见了故乡的麦田
我闻到了风吹麦浪的香
此时此刻我打开窗户
故乡和麦田就扑了进来
此时此刻我的心就是故乡
我的故乡正在风吹麦浪

梦　歌

我在回忆
我梦里有过歌吗
从塬上无浪的麦田回来
从故乡风吹麦浪的麦田回来
我在梦里唱了同一首歌
我是一株没人疼爱的麦子
你叫见了说我疼你爱你
麦，我们一起唱一首歌
相逢是一首最美的歌

乡愁的一种表白

麦苗青青，我的眼睛也青着
河道的乡会早已经披红挂绿
我还在隔岸观火，我想回去

麦子给我捎信说，有些禾苗要补
还有些瘦弱的菜苗也在等待浇灌
它们说不要相信天气预报，不要等
天上下雨。靠天吃饭会饥一顿饱一顿
渴了喝家乡的泉水，饿了回家找娘

槐花给我捎话说，有些乡亲要走
嫁出去的姑娘乡会的时候要回家看看
它们说不要少小离家老大回，不要等
衣锦还乡。靠地吃饭是农民的本色
麦子荒了还有玉米，土生土长都是生命

香火红红，我的眼睛也红了
我的娘亲不在了，我的故乡远去了
可是我的乡愁还在，我想回去

寂　　静

此刻树上的果子落下
随着时间和叶片
太阳滚动
却无声无息

此刻，寂静得厉害
像风从麦田穿过
你从我穿过
爱从爱穿过
抵达一处从前的麦田
村庄，还在地畔
像个城里的拾荒老人

此刻的我
寂静得厉害
像那个果子，从树上落下
一片片的时间

伏特加漫游记

火星撞地球
冬天里的一把火
点燃了整个身体

舞动着火龙
在血管穿岩凿壁
追赶着我的灵魂

火山的岩浆
沸腾着蓄势不发
深深的暖流在心

一条河在我的麦田
五谷丰登，伏特加是我的水

爱 的 表 达

毫无疑问冬天爱雪如痴，秋天风吹麦浪
夏天睡莲入梦，春天心花怒放
有人说，你不绽放叫我如何精彩
我想说，爱不表达如何能够圆满

爱要表达出来
我将心事说与莲听
我给雪写了上百首情诗
我把麦粒装进了我的枕芯
我让春花在相册里永不凋谢

爱要怎么表达
你看那惜别的人们的拥抱
彼此拍着后背像母亲的怀抱
然后从肩膀到手臂一点点松开
再不舍地贴脸耳语，说不尽的嘱咐

女儿对父亲，妻子对丈夫
说了同一句话：胡子还是那么扎

我怀上了玉米

我吃了水蜜桃味的
玉米，很快我就发现
我怀上了玉米，玉米须
垂到了我的腰上

我怀上了玉米
看到煮熟的玉米棒
就妊娠反应
看到那些剥玉米的手
就担心被剖腹产

我怀上了玉米
因为排异反应夭折了
我想起有人曾说
待我长发及腰就怎么样

我怀上了玉米
这不是我的错
我剪去了垂在腰间的长发
我知道，这也不是玉米的错

我想做一株玉米

你说你有良田万顷
全种了优质玉米
一年一茬的玉米
忙碌了你的365天

春天播种，夏天抗旱
抗旱和抗战一样的重要
你说不能靠天吃饭
要自己挖渠，引水

于是你像愚公移山
引来了天上的水，雨水
泛滥，你的玉米无恙
水到渠成，旱涝保收

你说不能让杂草丛生
因为杂草就是你的烦恼
你要亲手把他们拔得一干二净
不能用除草剂污染你的土壤

我想做一株玉米
长在你的地里
不怕干旱，不怕水淹
就怕你把我当作杂草，除掉

名　字

一不小心爱上你的名字
天色有云，写着那两个字
地上的人群们，仿佛也潜藏那两个字
树上，那叶子呀
唰唰啦啦好像在帮我喊你的名字
我低下头来，两个字就蹦出来
让我试试地说着，那两个字

玉米，玉米
我的金玉良缘
这两个字，就是我的最爱
是我的土地孕育，我的种子
你更像一缕清风，那样
生长呀生长
长在我爱情和日常的
绿色最深处
安静地，一日日
把心结实起来

奔　赴

确实，有点小题大做
我把赶到北京的学习用奔赴来形容
这不是战场，真的不是
可于我的内心却比上战场都紧张
原因是，与往昔在北京不同
这次是在文学的麾下浴茵

像奔赴自由一样，我奔赴文学
路遇的小草吗，晶莹着泪珠般的露
有一箩筐玉米似的字
我把它们一块带着，在心里
我要让它们闪闪发光
变成诗一样的庄稼，和庄稼一样的诗

为此就是真的奔赴战场，也心甘情愿
只要是自由的诗行
我会把心摁住，轻点去跳动
因为我担忧，这份倔强的脾气
没准哪一天会被浓浓的尘世淹没
这份敢于奔赴的执着

人　为　峰

太阳照在身上
葵花开在云朵
山在脚下
才够得着我的天
我的蓝

玉米穗儿
长发及腰
那拔节的甘蔗
甜在心里

红豆生在北国
脚踩着秦岭的山尖尖上
才够得着我的天
我的蓝

秋　收

你说，我们在秋收
便给了我一个丰收的场景
收割机在轰鸣，你站在田间
思量着粮仓的容积，够不够大
她提着水壶，奔走在田埂

你说，我们在秋收
便给了我一个金黄的颜色
你说今年我们可算大丰收了
满地的小米，堆成了黄土高坡
遍野的玉米，垒起了金山

你说，我们在秋收
便给了我一个收获的喜讯
金黄色的叶子做了你的信使
它飘落在了我的陋室
替我盖了一间黄金屋

你说，我们在秋收
我知道你要告诉我说
金窝银窝不如自己的草窝
地主婆啊，书中自有千钟粟
好好学习，手里有粮，心就不慌

阳光下的暖

一

上午的阳光
像青春的记忆
暖了我的身体

乌龟爬在石头上
晒太阳，还向我
传来水下的喜讯

那条被我放生的小红鲤
长大了，爱上了一条青鱼

就是我喜欢的鱼

二

正午的阳光
像醇厚的红茶
暖了我的肠胃

小鸟栖在树枝上
唱太阳，还向我
传来天上的新闻

那只被我放飞的小天鹅
长大了，爱上了一只鸿雁

就是我喜欢的鸟

三

下午的阳光
像妈妈的嘱咐
暖了我的乡愁

风铃挂在窗棂上
摇太阳，还向我
传来海洋的消息

那只被我放逐的水母
长大了，爱上了珊瑚蓝

就是我喜欢的蓝

四

四季的阳光
像不变的承诺
暖了我的心灵

哈达飘在经书上
念太阳，还向我
传来西域的梵音

那朵被我放牧的白云
长大了，爱上了梅里

就是我喜欢的雪

五

三生的阳光
像三世的宝石
暖了我的爱情

意念系在心坎上
种太阳，还向我
传来大地的回音

那份被我放下的执着
长大了，爱上了彼岸

就是我喜欢的归宿

树 图 腾

一棵树醒着，一棵树睡了
我崇拜着的树，无论是醒着还是睡了
我想站成一棵树，让自己的灵魂住在里面
看着鸟在空中飞，鱼在水中游，长声歌咏

我的肉体在树上采集，在水里渔猎，在地面爬行
我对树充满了依赖和崇拜，在树里生长着幻想和憧憬
我有了儿女，这是树的恩赐，树是孩子们的父王
我想变成一棵树，和亲人们站在一起

人面鱼纹彩陶盆飘了过来，两棵树睡在一个葫芦里
森林舞会开始了，蛇舞，鹤舞，狮舞，龙舞
一直舞到。舞到都完美地睡去。萨满祭司还醒着
他呼唤大地，火焰，水和风，调动法力之泉，更完美地睡去

树傍水而居。我在树下刻舟求木，刻木结绳
我想把日月、山川、星辰都载入诺亚方舟，让落叶归根
一间木屋被水环绕，中心火塘旁坐着一位纹面独龙女
她在等待马帮的归来，等待一颗不羁的灵魂归来

睡梦的召树屯，千瓣莲花公主遇见了勐板加王子
他们一见钟情，他们策马扬鞭，定居在广袤的原野上
我抱着树桩睡去，身心的解放，简单而单纯
我的浪漫和内敛、深刻和狂放一起睡去

沉睡中，碧空如洗的天空，水天一色的海洋

一派梦幻仙境，善良之花开在人生的每一个路口
两岸的青草荡漾，树上的鸟儿在河中映照着美丽的羽毛
一叶孤舟，拉长了身影，畅游其间，泛起耀眼的波光

木已成舟。乘风破浪荡漾在蓝天边，风雨兼程穿梭在时空间
蝴蝶翩翩追逐着彼岸花的梦，桑田苍苍守望一泓静绿的秋水
四季河水，风情万种，空中传递着海鸟的呼唤，空谷回音
故乡的树，我心中的图腾，沉睡在朦胧的睡意当中

吉祥的鸟儿，如果有一天，我睡了，请不要叫醒我
我睡在故乡的树下，血液流进了它的土壤，已长出了新绿
里面流淌着山河祖先的血液，和五千年浓缩的一幅岩画
这成为巅峰和福祉的树，伴着古老的弦乐，睡的安详

如意的树啊，请让我这样睡去，请接受我的灵魂
你看树梢在发芽，那是神性的诗句，那里栖息着凤凰和
神圣的图腾。我风风雨雨走了半个世纪找到这棵树
我睡去的地方，空中有鸟儿飞，水中有鱼儿游

只　　有

只有这个秋天了
将盈着花瓣的美梦，收到根下

我天天想啊想，到底老天要下多少雨
才能将这古城的污浊洗刷干净
满街歪歪斜斜的足迹，来路不明
有我昨天找寻一个美梦的几只
没有来得及将它们抹掉

现在，我再去看
那些足迹早踩到了我的心里
让我疼痛地捂着它们，去看老天脸色
我几次拿起笔，又放下
该给这个下雨的天写点什么

好吧那就想想几株乡下的玉米
那就把整个秋天，也一起给了它们
好好地给我结些籽粒，好好的
因为，现在我只有这些玉米
坚定地矗立在我的心田

第八章　淡然，就是一种修行

淡然，就是一种修行

我要修成正果，这是很难的
但我淡然视之，就有馨香的萦绕

我将修行，回归自然和内心
霎时间，我矮了一些也高了许多

我才认识到淡然的好处，原来真好
有微笑自远方来，深播在我的田里

我放自己一马，再鞭笞自己一下
膝下的地动了起来，仿佛就是给我壮行

我要修持，人的身上多少弊病要清除
放下肉身就是，放逐欲望的太阳和月亮

我能再淡然一些，为了看到希望
把目光点燃，放平心态并轻捷地走去

雨

密密匝匝地跋涉
千山万水地匍匐
这就是雨，爱世界的语言

繁华以自己的身影诠释
那远方山峦的白雾
就是红尘最好的归宿

我在此刻想他
与雨一起呢喃诉说
爱的路上那些泥泞的故事

雨幕中写出的诗

一枚枚花瓣儿像极了涟漪
我的倒影丢在雨中
我知道了，身处爱中的人
像个失魂落魄的醉汉
有时候心在天上放牧白云
有时候眼在远山收割森林

此刻雨滴以自残的信念
投入大地怀抱
而，在我心里铺满你的影子
我于是决定，今晚
就睡到雨的怀抱
因为我想去梦里听到
听到你借喻雨朗诵给我的
雨幕中写出的诗

雨　祭

从傍晚就下落的雨，流感一般
将这个脆弱的世界传染了
我听着雨的脚步，花香被覆盖
心思埋没，二月花凄凄情情切切

凋零，一念期冀和伞下的红颜
天色冰凉
凉透的心，再加一场雨来袭
无情雨声是打着多情的幌子来

我回忆那宁静的一方
该绿的绿着向往得也很好
那宁静，真好真好
有一丝阳光的暖意足够

扶窗的我看呀看去
看不出去多远的园里
残败斜斜地铺满，怨语变为沉默
我躬身回到内心，为这些红颜鞠上一躬

雨 凄 凄

很难不去怀念一条河
我的内心紧抱着的那把伞
与北方烟雨蒙蒙的下午
都被这个城市收藏

忽然又回到那个我们避雨的早晨
前路是彩虹，背后铺满鲜花
许多蓝色的鸟跳着舞蹈
没有回头一直走着
心动的羽毛开始凋零
晴朗的天空结上厚厚的云层

多年后的今天
雨不再泥泞成感伤
我的街上站立着无语的树
那些树再无需一把伞
来遮掩露天的雨丝做表达

白露夜未央

白露，雨绵绵
鸿雁未来，玄鸟未归

白露，雾茫茫
疑似急性短暂性精神病发作

白露，茶凉了
我的一位兄弟单飞了

白露，露什么
都是白露，于是群鸟养羞
夜，凝露而白

雨　　蝶

白云
层层叠叠
还是白
云
一滴滴地
挤出雨

我说
眼睛出汗了
你说
天热
我说
心里下雨了
你说
打伞

太阳伞下
泪水滂沱
云低眉
雨顺眼
风月无边

我的眼睛被一株白鹃梅触痛

一

我的眼睛被一株白鹃梅触痛
我想用丁香的白去抚慰，可是
我必须攀登到那样一个高度——土地梁

二

有一株芦苇不合时宜地拨弄着春风
让我最怜爱的白丁香在雨中飘零
地上的白是花和水的道场，别踩它们

三

我把深邃的忧伤藏在我清澈的眼睛里面
我把我深刻的痛苦藏在我单纯的微笑里面
什么都能藏住，因为你们喜欢我的清澈和简单

四

此刻，有什么东西在咬噬我的心
它能否咬出一个叫出路的缺口
取决于我的力量，和我的忍耐

我 爱 你

我爱你
我就是要放飞我自己
做一只搏击长空的雄鹰
做一个穿越暗礁的灯塔
做一朵精彩绽放的花朵
做一条永不干涸的河流

除此外
我把风筝放得又高又远
我看不见你
你看不见线的存在
我们携一缕春风
播种真善美
和，理想

华山小春

这个小春选择了华山
华山选择了我们
我们选择了诗

当我拾阶而上
我的影子就已经注定被时间埋在这里
当春天吐纳万物把道场支在了华山
我就偷偷将深藏多年的一句话写成诗行
交给白云因为热恋黑土而酝酿雨滴的天堂
当花开翻译成爱情甜蜜并忧伤地暗示
我看到诗人们蜜蜂般成全着花语的期冀
期冀给这个花心的春天把它的婚礼置办得更加排场

我真的只是诗歌的学生
像众鸟歌唱中间的一只
我来，轻如生命中随意呼吸就会忘却掉的一阵风
它是如何抹绿大地携雨走过的人间
好像与我不是多么关心
我去，重如一声鸟鸣砸向匆忙的秒针
这个绚丽的世界仿佛总缺少一点点什么
对了，缺少一些为诗而来捡垃圾的人
缺少一座内心藏着爱情的山峰
缺少一个敢于给万物出头去生长的春

现在好了，这些都齐了
因为，你看

诗选择了我们
我们选择了华山
华山选择了这个诗情的小春

——2015 华山先锋诗会即兴

漫山遍野的月光

那应该是漫山遍野的诗
是漫山遍野的水
是漫山遍野的生命
是漫山遍野的激情
是漫山遍野的恩怨交际
是漫山遍野的地名和笔名
不对
那到底还应该是漫山遍野的诗

华山的月亮
能够照在心里
是带着收不尽的诗意的
有一束刚好照进我冰冷的心里
我来，就是想靠在这月光洒满的山崖一下
让我的灵魂淘洗掉过去的倦意
像一个净身出户的女儿
被诗意的月光牵着手奔跑
跑出世俗
跑得遍体鳞伤
但我是幸福的
我靠在月光洒满的华山的肩头
忽然想写一首诗了
但到底还是没有能力完成
我于是只好将自己的一天埋在这里

连同紧紧抓住的一小片月光

大约从此
我的梦会时不时地再来华山徜徉
这个给诗成长理由的地方
华山
我记下了你的模样

——2015 华山先锋诗会即兴

我　要　好

必须的，我要好
爱了诗就爱了一切
爱了这个春天就等于又生长一次
我赶路似地赶往诗的盛会
我以匍匐的姿势
用心舀下一勺诗海里的水
我饥渴地饮着
品尝诗给我带来的馨香
我好开心

我去了华山
我想我一定会再去许多地方
诗的世界好美
好美好美地诱惑我去不断寻找
因为我要好起来
所以必须得寻找美
美，只有他才是医治我诗病的唯一
谁叫我爱了美，爱了诗

必要的，我要好
我是为诗而生
为美而活着的一个人
有诗和美相伴一生
够了
我好幸福
这个开始下雨的春天

花海中的孤岛

春色于一望无际的花海尽情释放
盛开的郁金香和牡丹花相映竞艳
希望的田野是一望无际的姹紫嫣红
麦子被花海挤成了分行的短句
寂寂寥寥，在春风里落单

苜蓿的香味惊醒树梢的小鸟
它们盘旋叼走一粒粒种子
花海把落红的梦肆意渲染
绿荫流过文人的笔尖
飘飘渺渺，在孤岛上沉寂

花儿站在风里等待黎明
黑色郁金香站成了夕阳
候鸟的翅膀将夜色摇落
花海中的孤岛，依然漫无边际

紫藤花开了

天上的喜鹊说
紫藤花开了，我也就开了
犹如前世今生的会合
犹如红山和昆仑的玉成
紫色和白色的语言
汇聚成想象的影子

树荫下的交集
是丁香今生的白和紫
花在白和紫里拷问前世
显性和隐性的遗传
那萦绕在花间的
是来世的气息

紫藤花开了，我也开了
开在缀满绿茶的唇边
开在白鹿原的春风中
开在我对你的深情里

紫之恋

春风裹挟着红，裹挟着蓝
交织在绿色的藤萝上，成为紫
热情而奔放的红是我
含蓄而内敛的蓝是你
我们开成了这美丽蓬勃的花儿

心动着，灿烂着。也许会凋谢
但即便凋谢了，还有绿叶点缀着蓝天
云蒸霞蔚，笼罩着我们的心湖
荡漾着涟漪着对紫的无尽眷念
眷念，在所有的花季释放

这紫藤花儿，一会儿蛟龙翻腾
一会儿风铃叮当，一会儿葡萄紫了
一会儿紫蝶蹁跹。深深浅浅的紫
是我们绵延不断的吻，落在花蕊
叶尖，枝蔓，满身都是，紫

这高贵典雅的紫啊，饱含了
激情的红色，沉静的蓝色
秉承了红的激越，和蓝的平静
演绎出一种高贵与神秘的紫
靓丽而不妖冶，欢快而又含蓄

这梦境一样的紫啊，飘着淡淡的芳香
紫色的芳香从我们的每一个毛孔渗入

进入每一个细胞，在我们的心房
弥漫着喜悦而又唯美的情调
酝酿出一场缤纷的花瓣雨，把我们
裹挟成为一条紫色的瀑布，欢腾洗礼

这紫色的珠帘，笼罩在我们的天际
为我们撑起一把绿色的大伞，遮风挡雨
秋天的时候，金黄色的紫藤叶为我们铺就一条
金色的飞毯，我们成为两朵并蒂的紫藤花
飞上云霄，直达天堂的紫

沉　思

站在朱雀门外
仰望着城墙和与城墙比高的桐花
仰望着蓝天白云和不知名的飞翔物
仰望着城门和城墙上的旗帜
我陷入了困境，和沉思

一种巨大的疑惑升起，我是谁
一种巨大的恐惧升起，我在哪里
一种巨大的孤独升起，我的城在哪里
一种巨大的疼痛升起，我在城内还是城外
我陷入了迷茫，和沉思

我穿门而过
从城外到城内，又从城内到城外
走着走着，城门不见了，城墙不见了
城不见了，我也不见了
我陷入了寻找，和沉思

沉思的我站成了梧桐树
站成了秦俑，又站成了城门
站成了城墙，站成了旗帜
站成了桐花，站成了朱雀
我陷入了飞翔，和沉思

若能在一滴眼泪中闭关

很小的时候
我就学会了无声的哭泣
任泪流满面却毫无声息

长大的时候
我又学会了无泪的哭泣
任眼泪在肚里流却无悲容

现在的我
已学会含笑的哭泣
若能在一滴眼泪中闭关
我宁愿哭瞎双眼

光 和 影

一道光，遇见一道影子
一道比太阳还亮的光
和一道比月亮还柔的影子

影子逆着阳光流淌
流淌到我面前的时候
白色的浪穿过黑暗
在草木婆娑的四月里
流成一把注满思念的倒流壶

我和你，光和影
活着，就是光跟着影子一起
说不清谁是谁的放牧
放牧我们的灵魂

剪　影

我把影子剪了又剪
剪成一汪清泉，它
过滤了我的爱，把你
沉淀在我的井里

我把影子剪了又剪
剪成了一朵莲花，它
修炼了我的情，把你
停泊在我的岸上

我把影子剪了又剪
剪成了一米阳光，它
照亮了我的路，把你
照进了我的心中

诠释淡定

我用深宅诠释淡定
让思绪不飞出我的脑海
让想念不溢出我的心田

我用文字诠释淡定
百川归海似的梳理思绪
渤澥桑田似的合拢想念

文字只能写在脑海和心田
不能言不尽意，我只好宅
深宅在人间四月天，诠释淡定

任　风　吹

风在高楼间狂啸
像一群迷了路的猛兽
扑来扑去
它们怀着撞到南墙不回头的决心
从天黑撞到天亮

风声如波涛汹涌
冲击着钢筋水泥的巨轮
冲来冲去
它们怀着冲出一条血路的毅力
从天亮冲到天黑

睡眠和美梦被吹走了
昨天的艳阳被吹走了
好看的表情被吹走了
留下我臃肿的肉体和消瘦的灵魂
在不胜寒的高楼，随风起舞

雨　来

雨来
才是正果
这果
因了一夜的狂风
和沙尘而来

风很大
因大，果也会很大
我等着雨来
终于等到
雨来

我的忧伤无人知晓

我的忧伤无人知晓
就像是那浮浅的表情
并不能表达我内心的感情一样
可是你看见了微笑，看见了拥抱
你以为那就是爱的全部

我的忧伤无人知晓
就像是那浪费的表情
并不是我内心真正的感情一样
可是你看见了表白，看见了语言
你以为那就是爱的归宿

我的忧伤无人知晓
就像是那一根救命的稻草已经枯萎

一个日子的走失

大家都说
今天是一个特殊的日子
汶川地震，护士节
还有什么，我不太确定

我不喜欢贴标签
包括给一个日子赋予意义
每一个日子都是普通的
也会是特殊的，历史上的今天

会有人记录，也会有人记住
但日子一直在走失，跟着时间
跟着感觉，跟着记忆
流浪，或者回家

一个日子的走失
就像是流走的水，终归会流回来

不切实际的想法

在月亮上写诗
是我的一个幻想
我相信它可以实现

昨晚我终于把一首诗
写在了月亮之上
不切实际的想法梦圆

当冷风吹走月的身影
我看到一朵雨荷伫立在彼岸

题　景

你把绿无私地奉献给了我
绿的叶子，绿的藤蔓，绿的果实
还有你怀着绿色的心情
走在绿色的幽静中
你的绿占据了我的视野
我拿什么回馈你
一朵花儿急中生智
她用羞红的脸颊
表达我的谢意……

春　　天

你说春天是个姑娘
我的春天是一位暖男
他洒下慷慨的阳光
送来温暖的怀抱

你看今天的暖阳
多么像一个火炉
融化脸上的寒霜
和心中的坚冰

他还洒下了希望
说不要因为一时的阴霾
怀疑春天的脚步
和他栉风沐雨的暖

横　　风

每次车驶过灞河大桥
导航都会提示：请注意横风
可是横风一次都没来
天气没有预报的雨却来了

一次，两次，再三，再四
以至于我认为，说风就是雨
不是开阔地带，不是风口浪尖
而是路到桥头自然直

我是横风，一阵又一阵侧身而过
我让自己像一阵风，再让自己
瘦成一道闪电，横在风中
拦住一场为我落下的雨

第十三根肋骨

上帝取下他的一根肋骨给了我
于是我多了一根肋骨，不是真肋
也不是假肋，它是一根浮肋
肋骨们长成了一棵爱情树

在伊甸园，我与上帝和谐相处
我问上帝：在你心里，我是什么
他说，你是我身体里的一根肋骨
你愿意让那根肋骨住在我的身体吗

我说，我也在寻找一根丢了的肋骨
那是我生命的一部分，有了它才会完整
我的肋骨需要有一个敦厚的胸膛可以依偎
找到属于自己生长的地方才能安然无恙

许多年之后，上帝已不记得他那根肋骨的模样
而已做了女人的那根肋骨，也记不清上帝是谁
许多年之后，两根走失的肋骨开始寻找彼此的自己
寻找彼此缺失的那根肋骨，第十三根肋骨

找啊，找啊，为了找到自己曾失去的
那根肋骨，为了找到真正属于自己生长的胸膛
找啊找，他们知道，即便找不到，也不能出错
因为一个人错了，就意味着另一个人也找不对了

寻找的过程，人世间就有了许多恩怨情仇
认真的第十三根肋骨，善待着彼此孤独的胸膛
多一根不多，少一根不少，虽然无足轻重
那根可有可无的浮肋却成为了自己的真肋

有一天，我在手术台上取出了那根肋骨
烧制成一只红玫瑰骨瓷杯，天天吮饮钙质
十三，是塞巴斯蒂安和玛格丽特改变人生的故事
我站立在第十三根肋骨里，听到了爱情的眷恋与呼唤

神　　会

不像是得到
也不像是失去
多云也没有下雨
虚和空是有的

不像是假的
也不像是真的
天阴也没有刮风
冷和疼是真的

像一首停唱的歌
余音袅袅中隐喻着
鼓的存在。瘪着的肚子
膜拜无影无踪的灵魂

天和地越走越远
是一段天涯海角的路程
像极了某棵树，在一只鸟的人生里
站立成图腾柱，心领神会

仿　佛

仿佛人生的第一声
啼哭之后，就再也没有哭过

仿佛人生从未离开过襁褓
但冰化之后不仅是水也是春天

仿佛人生若只如初见
便可始终如一生死不渝

仿佛人生的每一个黎明
都要冲破黑暗亲自去迎接

仿佛人生都一次定稿
无法重新开篇布局再展蓝图

仿佛人生的谢幕
都不会按照剧本去演

我的仿佛正如你的仿佛

一场落地成诗的雨

我们是雨珠与雨珠
爱在这一场雨中
我们拥抱，依偎
你的臂弯留我安居
家是温暖我的桃源

这雨中的世界
让我充满着想象
天空辽阔，风在咏叹
我们亲吻，碰撞
诵经的过程让我和你唇齿留香

我们执手偕老
爱意谱写永恒的诗章
我们重叠，你和我垒成山峦
信仰给我们心的天地
彼此站成彼此的经幡

最后在这场雨中相遇
缘分让你我宛如印月
大地让我们融化在一起
我成为你你成为我地融入甘泉
彼此是彼此活着的灵感

我要驻扎在你的心中
从此不再颠簸流离
在这场雨中卧听天籁魂曲
我们终于修成正果
像两株草守成一豆佛灯

这样，便好

我会用小小蚂蚁似的文字去写
写下我的孤寂，遐思，幻想
你们说那是诗，那就是诗
说那什么也不算，那就什么也别算了
我会伫立于窗前，看看日落和月升
去想想昨天，想想他走后的空白
不远处的小河边，那水下的游鱼们
它们懂我的心事吗，肯定是一种奢侈
但我放开了，不去想这些
鱼儿自有鱼儿的生活，一切由它去吧
我只想看，只看日落的静美，月色的迷蒙
所有树影，都是前世的幻觉
安静一点，走开一点，微笑着去向前方
让爱拉开距离，放飞，落地，解放
这样，便好

我还知道爱是给予，相互帮助和欣赏
绝不是矫情地虚心假意，更不是揣测和猜疑
像木匠的斧头一面快，削不出爱的坦途
你即便用尽力气换不来的一个拥抱
却只是空想，还有抱怨和遗憾
现在我知道了，爱就是那么的平常
像日出日落，没有轰轰烈烈也不要唯唯诺诺
把心思蜷缩起来，欲望淡化一些，自己还原自己

两点一线地工作，微笑着看淡世事
该来就来该走就走，把自然交给自然
那些所谓的心灵鸡汤，不喝也罢
为什么不是我，会是你们占据了我的心地
现在我要回归，我就是一个小小的生命
像乡间的一株向日葵，淡淡地
看人世间的故事，云聚云散
柴米油盐，烟熏火燎
这样，便好

第九章　非哲学存在

非哲学存在

对于花，对于叶，对于爱
像弗洛伊德那样，压瘪它们，放进标本集
让它们干枯，干枯的，不结果实的它们
作为科学研究和实验的对象

爱情的标本， 也来自实践
但有些枯萎，并不凋落，它们挂在枝头
永远高高在上，并且成为生活中的唯一
但，暮秋的力比多已经放弃了目标

物理隔离，敏感被限制，欲念受到压抑
得不到充分满足，成为疾病的根源，迫使
人们走向其他的方向，以清教徒的生活态度
压制本能，文饰欲望，将冲动置于理论的中心地位

思维和真理，文化和文明，现代的神经质
矛盾的表面化，遮掩着内心的，深深的恐惧
当征服的炽热感情燃烧殆尽之后，忠诚而疏远
的维系，为自己保留爱，爱理想中的自己

保持自己的完整性，持续自然的本能
养成文雅的性情，文字的习惯，和力量
节省自己的时间，精力，能力，习惯和力量
为了某种东西而养精蓄锐，但是却不知为了什么

保持自己的真实和忠诚，生命以此为前提
不去娱乐，不违心，不和每一个人交流
隐藏，逃避，摆脱，排除任何的结构
作为一个生命细胞的单独形式，存在

因为分离和丧失的痛苦，选择独行
害怕丧失爱的对象和爱的感受，选择不爱
在避免悲伤和痛苦中生活，而不是体验快乐
担心害怕丧失占有，而忽视存在

当这种努力获得成功，蔑视瞬间的快乐
剥夺、限制自己的享受，废除自己享乐的能力
一个精神分析家的精神病患者荣膺普通人的称号
回归人间，回归生活，回归实验，回归存在

宇宙之目标

天圆地方，日月同辉
万物合一，置之度外
地势坤，是一种恢弘的气象

之于人，是气度、深度和广度
是囊括天地万物的目光和胸怀
是正见之下的眼界和境界

造化之方向

天地是大熔炉，造化是大铁匠
世间万物是造化的锻造之物

造化，生生不息、环环无尽的创生
打破藩篱、隔阂、局限与障碍
天行健，重回大道母体

以宇宙视野，赴造化之所行
踏上悟道征程，奔赴久违的故乡

众生之世间

回归大道，路在世间
天地众生，造化之一隅

智者渡己，自渡后自能渡人
仁者渡人，渡人亦可成自渡
能自证性命，才能引导众生

观世间，观众生，观人，观心
由大到小，由小入大，由心入道
不自见，心怀一份大悲悯，众生渡人

江湖之忘我

两条上岸的鱼儿，互相吐泡湿润对方，
维系苟延残喘的生命。不如回到江河湖海，
自在游弋，彼此忘记对方，获得新生。

鱼的生存之境，也是人的社会。
人间是人的江湖，而水是那样的浊。
维摩诘问文殊，何为如来种？
文殊答曰：“高原陆地，不生莲花；卑湿淤泥，乃生此花。”

致虚极，守笃静，破我。
居心斋，忘我。不乏术，明道。
安时处顺，无用之用，知其不可奈何而安之若命。
相濡以沫，不如相忘于江湖，是为内心的冰冷悲寂。

游戏之桃源

乘着世间的不得已和无奈何，游心
超脱于万物之上，遨游在天地之间，游世
游无穷，游四海，游尘垢，游于形骸之外
游乎天地之一气，游无何有之乡
游无限之时空，游广袤之道境

世人难觅桃花源，因真的桃花源，本在心中
世人皆欲往净土，却不知真正的净土，也本在心中
游心，游世，不游戏，自带桃花源，净土只在心

天籁之境界

风吹万窍而声响各自不同
是因窍穴的形状各自不同
不是自己，又是谁在鼓动？

不是风动，不是幡动，仁者心动
万窍怒号，怒号的不是窍，而是风
窍，虚空寂静，如如不动
本然与不动，正是大道

天籁，是无声，是超越于音声之上
随顺于风来则号、风息则停，得自然
所谓大音希声，得意而忘言

大道之神迹

大眼界，大胸怀，大境界，道家精神。
人籁是未见道时的是非纷扰。地籁是大开大阖
大动大静，震撼逼近天造地合之态，但
地籁本然的虚空寂静犹如“宇宙”

万窍怒号犹如造化，万千窍穴犹如众生，
鼓荡之气犹如江湖，历经这一切而抵达的
超越音声的存在，便是天籁 。
于是，万物一体，天人合一。

大曰逝，逝曰远，远曰反。
广大无边而周流不息，周流不息而伸展遥远，
伸展遥远而返回本源。一个闭合的周流不息的圆。
其中，每一个都是起点，也都是终点。

独创，实质是寻求最适合自己、最准确的表达
一个人的独创，最能体现其思想内核和精神根本
也是一个完整的悟道过程，佛法在世间，不离世间觉。
唯有眼界大、胸怀大、境界大，才能触摸道的神迹。

进　　化

我找到了痛苦的根源
进化太慢，跟不上时代的步伐

赶不上群种基因频率的改变
物竞天择，终被优胜劣汰出局

外星人和怪兽或会被猎杀
白垩纪灭绝事件成为过渡化石

进步、复杂化与退化的厮杀
突变演化着希尔-罗马伯森效应

进化的结果理论上都是好的
更高级、更文明、更强大的物种

也会受苦，是为了解除将来的苦
适者生存。人之生存，为的是进化

灾难，是生命进化的源泉，很多疼痛
源于进化。我想快乐应是痛苦进化的目标

入　道

人生有许多门
我得一个个问道
走过父母的身体成为人
那是我迈入第一步的生命门

随后，学校培训职称……
乱七八糟的道道数不过来
无非一个饭碗了事
不过也有喜欢的道
如写诗

我犹如走火入魔般
误入歧途地莽撞进来这一扇门
从此，我就好像一株小树
找到了自己的归宿
把根须深深地扎下泥土
面向阳光每日朝圣

我深信：诗神
正在心里给我精力
助我与诗靠近、更近
那是我入道的一扇门

某　一　天

某一天，天黑了
太阳陨落
世界走到了尽头
但，我相信诗却还在
做最后的表达
因为
这一程人生
七彩的风到底灌满过所有空间
诗的足迹
走遍天涯海角

某一天
那是诗神获得永生的日子

捉 迷 藏

藏好了
别露出鸵鸟的屁股
也别露出狐狸的尾巴

藏好了
别流下鳄鱼的眼泪
也别垂涎三尺

藏好了
别暴露行踪
也别暴露本来面目

藏好了
别让我找到你
也别让你找你自己

让人头疼的问题

不要问我人生的意义
这问题太大要去问老子

不要问我成功的秘诀
这问题要去问成功的人

不要问我在做什么
这问题本身就是问题
为什么我非得做什么

这些问题真让人头疼
什么也不做居然有些犯罪感
做了什么不成功居然就是失败
而人生的意义居然只是好好活着

思想的时候

上帝笑了
正是我思想的时候
我不想再徘徊纠结
不想一味地思考悱恻
因为，生命那么短
幸福就那么小
而美，就在心灵

咫尺之间

在歌颂希望时其实我的内心
充满了绝望。能做到这样绝非
一日之功，就像我的左手和右手
永远不能同时把一个东西放在掌心

山珍海味美味佳肴进入体内
不只是穿肠而过。它们的精华与糟粕
一起任你选择。那些蛋白、脂肪、果糖
会维持你的生命也会梗塞你的心脏

我别无选择，让它们去各自的去处
就像我选择吐出希望咽下绝望，然后
让两只手都空空如也，把东西放到南北
任由万变不离其宗，一切归于方向的中心

在没有任何指向的核心地带，我才可以
看清楚何为天圆地方，何为沧海桑田，何为
近在咫尺远在天涯，何为天长地久。我期望
走上中庸之道，走在欲望值归零的当下

空　间

我把二分之一的床
用来摆书，一摞摞的巨人
二分之一的我被书挑了起来
像轻重悬殊的跷跷板
我被悬在空中摇摆
我喊着救命从梦中惊醒
床上的书静静地躺着
它们睡得好深好沉
为了能回到床上
我拼命地咬文嚼字
我要把书装进我的肚子里
这样才能压住我飘浮的世界

我的一天从黎明前开始

我的一天从黎明前开始
我喜欢守着黎明前的黑暗
等待破晓时分的曙光初现

我的一天从黎明前开始
我喜欢有条不紊地叫醒自己
耳朵，眼睛，诗歌，你们醒来

我的一天从黎明前开始
我喜欢每个开始都在路上在其中
让自己的灵魂和肉体一起出发

我的一天从黎明前开始
我喜欢执黑先行，一条道走到黑

不　要

不要那么清
水至清则无鱼

不要那么高
高处不胜寒

不要那么深
深则厉浅则揭

不要那么傲
因无傲则无卑

雷　　池

一路高铁正驶入我的心轨
绝不越雷池一步。于是我在排雷
一颗又一颗，像我寒冰闪耀的灵感
一触即发，这样的雷池，何不一跃而入

高　　贵

如果昂起头
蔑视一切就是高贵
我宁愿低下头
俯视脚下的蝼蚁

如果愤愤不平
埋怨一切就是高贵
我宁愿任劳任怨
悲悯芸芸众生的喜怒哀乐

如果财大气粗
挥金如土就是高贵
我宁愿粗茶淡饭
男耕女织回归田园故土

如果唯我独尊
老子天下第一就是高贵
我宁愿忘记自己
体恤他人的不易和生活的艰辛

如果为了高贵而高贵
高贵只是面具和遁世的幌子
请不要妄谈高贵
高贵的前提是尊重和自尊

信　仰

友问，信仰是什么
我说，不说高大上往小里说
信仰就是自己喜欢心里想做的事
无论遇到什么困难都会坚持做下去

信仰，有可能是爱好或爱情
也有可能是一个特技或专长，但更是
你来到这个世界的价值，你生活的意义
以及做了便此生无悔死而无憾的追求

也许你还不知道信仰是什么
但是总有一天你的执着会告诉你
日复一日周而复始地坚持下去
那件事情就是你今生的信仰

信仰就在昼与夜之间撇开黑与白
帮你看见失眠的颜色看见清晰的天地
众里寻他千百度，蓦然回首，信仰就在
灯火阑珊处，那一束单色的纯粹的光

存　在

太阳从水里捞出
或者月亮掉进水中
我在思考一个问题
它们莫不就是一种存在

每天的写作，上网
每天的微信，博客
每天的更新，刷屏
是在刷另一种存在感吗

朋友不止一次问
有必要吗？那么执着地码字
他们不屑地说，写诗又挣不来钱
也养活不了自己，值得吗？

他们这样说的时候
太阳默不作声
月亮也无事人一样
世界还是外甥打灯笼般地朝前走去

我在思考自己存在的方式
感觉这样想很有存在的质量
于是我选择了诗歌
让诗意在有生命力的文字里存在

于是太阳拥抱了我
月光也轻轻地抚摸着我
我很喜欢这种存在的方式
把自己的魂去太阳和月亮下翻晒

酿　诗

写情诗的灵感
小爱，大爱，博爱
过去，现在，未来的
爱情，要让心中的蜜汁
恣意地流淌，要把它们
封存起来，慢慢发酵
时间是最好的酒麯
开缸的时候，就是一首情诗

饮　　诗

我把写诗的灵感沏在壶中
白水，黑茶，红汤，我把诗
一饮再饮。用于解乏，消食，醒脑
还用于遐想。终南山的白鹃梅开着
塬上的白鹿跑着，跑进了我的心

摘　　星

金花泡在水里
星儿开在天上
我用水影作了交换
摘下星星，作了金花的蕊

黑　　茶

不要被它的黑蒙住
它有一颗宽容而温柔的心
圆润的口感，温润的色泽
像岁月的包浆，盘过我的年轮

腊　八　粥

唤醒一种饥饿感
去讨一碗佛粥
饱腹感不在粥
而在于佛

E小调

A

想迷路的时候没有迷路
不想迷路的时候迷了路
可见原由不在路而在迷

B

酒后吐真言不假
但没必要为了说真话去喝酒
也不是只有喝了酒才有真话

C

烈性白酒就是烈性白酒
何苦装成啤酒红酒黄酒
弄得千杯不醉永垂不朽

D

失去平衡的时候
最好的平衡剂是水
酒或者眼泪

E

我的世界里没有你
我还要这个世界做什么

四 行 五 句

一

风继续吹
吹过我的留海
水塘泛起记忆的涟漪
把岁月的门铃撞响

二

傻鱼啊
为什么潜那么深觅食
难道是飘浮的水草
搅了你的饭局

三

人行道成了停车场
盲道让明眼人抓瞎
路障排列在回家的叉路口
蚂蚁学会了跨栏

四

喜欢雨
却不喜欢夏天的寒冷
难道要让窦娥
唤来温暖的鹅毛

五

阴雨连绵，雨煮时间
断裂的肋骨还在隐痛
天水舞蹈，大地飞花
狂草着刻骨铭心的姿势

我从情诗里脱身

脱去波西米亚长裙
脱去第三极神性写作的面纱
我从情诗里脱身，裸爱

我从情诗里脱身
去爱早餐热乎乎的小米粥
去爱午间聒噪的蝉鸣
去爱夜晚迟到的星星

我从情诗里脱身
去爱身边善意的微笑
去爱快递员的绿色邮包
去爱父亲煮熟的饺子

我从情诗里脱身
去爱田间亭亭的玉米
去爱路边孤独的小草
去爱雨后湿润的空气

脱去布尔乔亚的情调
脱去夏洛蒂·勃朗特情结
我从情诗里脱身，简爱

诗人的节日

诗人的节日
不击鼓传花
只在水边点燃一盏莲灯
照亮诗歌的乐谱

诗人的节日
不把酒言欢
只在水边挖掘一条渠道
疏通诗魂的归途

诗人的节日
不纵情诗话
只在水边打造一艘渡船
抵达诗人的彼岸

诗人的节日
除了诗和人，什么都不缺

诗人怎么了

诗人是疯子，是神经病
当人们都这么说的时候
诗人一点不介意，甚至有点得意
疯怎么了，神经怎么了，诗人怎么了
请别拿我的诗说事

诗的信徒

躬身，俯首
我追寻于通圣悟灵的路上
期待与诗仙的不期而遇

屈膝，谦恭
我膜拜于诗神脚下
祈求它的垂青

我被诗歌摄了魂
我为诗歌弯了腰
当我挺起脊梁
驻守于诗的圣坛
脑海中蓝图铺陈
满怀憧憬诗意地栖居

有一种信仰叫诗歌
有一种信徒叫诗人
我和诗，永结同心

不 谈 诗 歌

亲
别和我谈诗
因为谈诗对我而言
就是谈情

我的情诗
都在说爱
而爱不可及

亲，别和我谈诗
因为谈诗对我而言
就是谈心

我的诗歌
都是心里话
但心不可得

亲，不谈诗歌，弹琴

做一个诗里的人

写诗，或者不写诗
我都想做一个诗里的人

有人说，愤怒出诗人
我不愤怒，我愤怒也成不了诗人
我更相信，孤独出诗人
于是，我在孤独中等待诗

爱诗，就像爱一个人
爱深，爱透，执著专一
更像禅修，心无纤尘
持之以恒，才能炉火纯青

有人说，诗人不是喜鹊就是乌鸦
我不是什么鸟。我想做一个诗里的人
我想让我的诗起于喜悦，终于智慧
简单朴素清新，一如我向往的生活

我想在诗里，实现我的理想
就像是在自酿的美酒里沉醉不醒
任花开花谢，青春渐行渐远
唯有诗歌与生命同在

诗　　梦

写下这个题目
我就醉了，因为我天天
都在梦诗。梦见在地里种诗
然后浇水，然后像刨土豆一样
刨诗，一直刨到天亮

我还梦见在庙里求诗
那个和尚总是一脸严肃
他对我的愿望置之不理
我打坐，敲木鱼，念经文
借花献佛，都梦成诗行

更多的时候，我在梦里写诗
写在梦里去的所有地方，醒来
再去寻找他们，寻找我诗里的梦

时 间 的 河

一团乱麻
纠缠不清了许久
搁置枕下不理
我以为它们还在纠结
却已经自行解开

一瓶浆糊
水乳交融了多年
静置箱底不用
我以为它们还是浆糊
却已经澄清分明

一往情深
情不知所起今生
相濡以沫不弃
我以为还是一往而深
却已经深入浅出

一念之间
静坐参禅于前世
豁然开朗顿悟
我以为分不开的灵肉
却已经分道扬镳

时间是一种错觉
却也是流动的证悟

点一盏荷灯

点一盏荷灯
祭奠远古的祖先
祈求赦免亡魂之罪
于月之冷，闭关的西墙

点一盏荷灯
迎接阴间的孤魂
香火供养得以超度
于水之畔，画圈的路口

点一盏荷灯
奔赴盂兰的盛会
与佛欢喜修行精进
于盆之果，三宝的皈依

点一盏荷灯
照亮人间的中元
保佑众生安居乐业
于心之善，孝亲的美德

淼

原始星云，球粒陨石，凝聚
玄武岩溶化，火山喷发，释放水

太阳风吹来宇宙水，浩渺
静水流深，地球人被大水覆盖

溪行桃花源，江海湖泊，汇集
川流不息的羊水，流淌成生命的长河

沸腾的水，蓝色的火焰，折叠
弱水三千，我奔向青海湖，那抹蓝

灵 感 风 暴

我不能不用这个词炫耀
用拉仇恨的节奏表达诗意

还有谁，能赋予我这种超能
思绪瞬间井喷，情感的火山爆发

哦，灵感，你是我的前世
以风暴的形式席卷我的今生

每当灵感来临

每当灵感来临我就想到了水
水到渠成滴水穿石水木年华的水

每当灵感来临我就想到了山
山高水长山不在高有仙则名的山

每当灵感来临我就想到了土
水来土掩土生土长土崩瓦解的土

每当灵感来临我就想到了树
栽下梧桐树引得凤凰来玉树临风的树

每当灵感来临我就想到了玉
金生丽水玉出昆冈玉不琢不成器的玉

每当灵感来临我就想到了雪
雪花飞舞雪中送炭冰雪聪明雪人的雪

每当灵感来临我就想起了诗

我低头不语

我低下头
不是为了沉思
而是控制仰望天空时的
浮想联翩

我不让自己抬头浮想
也不让自己低头沉思
我在仰天长叹和垂头丧气之间
梦见诗歌

周公解梦说
女人梦见念诗
会被宠爱一辈子

于是，我决定
抬头做梦，低头生活

我是“爱迷儿”

登山迷上山
游泳迷上水
写诗迷上歌
我是爱迷儿

走路会迷路
打坐会迷途

看电视会迷人
我是爱迷儿

相信直觉会迷信
近视目光会迷离
上班太累会迷瞪
我是爱迷儿

读书迷上书
《爱弥儿》是一本书
我是“爱迷儿”

世界是圆的

我如此幼稚，看到的告诉我是这样
这个世界就是圆的，反正我信了
你看，太阳圆的
月亮也是，地球更是

生命轮回是圆的
爱情都是，那么地圆融可亲
一天从早到晚，难道不是圆的吗
就拿我来看你，都是那么地可爱
圆的，我所看到的都是
车轮杯子包括花瓣儿
还有一颗颗被人藏起来的心思

我于是，感觉真的好滑
一不小心会掉下去
便是一个不小的陷阱
又不小心就掉进了
另一个被爱溺着的热窝

圆的世界，我靠在你身旁
做起来一个个圆的梦想，那梦说
哪一年我们俩来到一个圆圆的花园
建起来只属于两个人的圆满世界

就这样，等待彼岸花开

就这样静静地等，如萌芽
默默等待春天的暖流
就这样慢慢地等，等花蕾
渐次绽放，直到精彩纷呈。

就这样，在微醺的春风里
毅然投入无限的希望。
就这样痴痴地等，等杨柳
依依，重温青春的历程。

就这样，处子般的静默
深深地感知心的节奏。
……就这样，等待彼岸花开
就像这样，进入灵魂之城。

阶段性分析报告

我正在写这个，阶段性分析报告
报告分析做了什么，怎么做的
从冬天雪花尚在开放的时候
我心里就想，怎么干好手上的活计
比如风险管理，人生何处无风险
比如内部控制的作用和弊端
比如关键环节，指标监测，损失数据
比如很多很多枯燥乏味的文字

我继续写一栋栋高楼正在坍塌
另一栋栋却在异军崛起
我写着写着，整座古城换了岁月
一些老人们更加苍老
另一些新新人类却嗨着直逼我的承受底线
一豆汗珠落下，渗入报告的白纸
我看到它正在生根发芽

第十章　与这个世界一同醒来

与这个世界一同醒来

应该说，是一同睡去
再一同醒来上路
与春天一同努力生长
将年轮一层层更新
与所有美丽一块去美丽
泥泞的身影被风吹干
与爱人一同牵挂时间
把对方守候成一个个心结
与太阳一起去劳作
把一条路踩出疲惫和疼痛
可，我还是把一朵花放在门外
让它代我好好看着这世界

点在心里的一盏灯

这个世界最幸福的事
大概莫过在心里点一盏灯
他会照亮我前方的路
给我能够安静修行的勇气
我决意为他痴迷是值得的
因为我有了活在这个世界的根

无时无刻不停不息的思念
是要弥补我们前世的错过吗
每分每秒难舍难分的渴望
是要见证我们今生的牵手吗
三生三世一心一意的爱情
是要约定我们来世的重逢吗

甜蜜的牵挂正在与日俱增
呼吸氧气就为了奔赴一个个黎明
为爱熊熊燃烧哪怕化作灰烬
梦想他以月光的方式进驻我的心里
更会以夜游的方式突然降临
让我在无知无觉中获得喜悦和光明

那一刻我找到了一颗白色的魂魄

大年初五
去万佛寺纳福祈平安
天色很好
福州真的不错
我走在异地却似步入天堂
万顷美女般的牡丹花展
丢了忧郁
美了连日的惆怅

忽然一束白色闪过
我驻足良久
天地都要翻一个个儿
原来这近似完美的锦绢
就是我早丢在这里的一颗白色的魂魄
她终于等到了我
便快活地展示着一切的美
美美地朝着我扑来

坚硬的海

最柔软的性格是你在别人眼里
我却认为你最坚硬
海，我用心悄悄地听
终于听到你给我的祝福
因为此刻我不是一个人在战斗
我的内心
有最心爱的诗
于柔软的海浪中
给了我最坚硬的力量

花开之后

花开之后
夜色就上来了
花开得很努力
可花心再香
夜不思蜀

天地间被一个黑字写暴
也只有人心可与其为伍
花沉默，用肢体表白
认的爱人站在东方
花用一生扑向那个黎明

错　觉

我仿佛沉湎在一片海
这金色浪涛的油菜花
而想你的时候仿佛溺到温热的爱泉
这让我痴迷的错觉

甜蜜着，心思想飞
蜂儿似地只对你振翅
那一汪一汪的翡翠似的姿态
摆成一朵梦靥

我就这样痴迷，一不小心
想你的爱潮就漫上心头
就像此刻站到油菜花的身边
心却早就掉到你心里

如此的错觉好美
像花开一样每天做着爱的功课
我遂决定用尽整个春季
将花瓣去你的怀里凋零

我梦见了一位好郎中

梦里在无影河畔
我遇上了一位好郎中
他说我的病只开药方不吃药即可治愈
他说医嘱不是随便说说
医生的话是忠言逆耳
外加苦口婆心做药引

郎中说生命如酒身体就是一只酒瓶
身体破了命也稀里哗啦不保
他于是给我数了一朵雪莲，四粒红枣
六片黄芪，九钱麦冬，还有
一些叮咛，用安抚煲成汤药
我恍然，原来良药也可不苦

我梦见了一位好郎中
他让我做一个虚拟的乖病人

嘱咐自己

如果遇到不顺心，就咬手指
但别让它出血，疼一点就好了
如有暖风捎来的信子
就去黑土上面修一座寺庙
专等那个前来修行的僧

如果全世界都走了，剩下
雨丝
就抱着那句嘱咐
蜷进自己灵魂的麾下，不出
就用渐白的长发舔舐
眼睑淌下的江水
找到了丢失的自己

安　静　点

喧哗远点，心也安静点
我要好好走开昨天
这些都由不得我，你们想想是不
昨天，谁能留得住它
我们都没那个本事

所以我要安良地接受今天的阳光
小心呼吸当下的空气，想此刻的事情
当然不会绝情过去，他们是我的良师益友
因为即便丢失了东西，也教会我应该步步设防

让我就这样走进现实
坦然面对前方的所有，包括嘲讽
但我告诫自己：安静点
最好像秒针一样沉默
把生命一点点消磨在无声无息

无　　非

还真是这样的
想着想着，就会不知道自己在哪里
无非，我的心赊给你
那时候就准备是一辈子

我每天三点一线来去
但心并不重复时间
里面装着的
都是全新的空气
一个个新的我
万千可以吃进去的美粮
欲言又止的心情
无非，想你

我不出声不等于没话可说
如果你懂，就去看看天空吧
阴是我的愁云，晴是我的开心
那每一步向前
都踩得雪心疼不止
可以告诉你
等着吧，我要
山川不再坎坷
相互思念的草也结盟成仁

一双火烈鸟就是你我
一年翱翔一次
无非，在想你
在珍惜

一 直 以 来

信不信由你
我一直以来都是空的
像个没有心机的呆头鸟
只认干净这个理儿

我何尝不知道其实所有河流均被污染
也更尝试走过那些布满坎坷的路
但太阳会越洗越白
内心也在伴随着文字的淘洗越发敞亮
风更加强劲一些
夜猫子的嘶鸣被善良的瓶子装起来

然而
山前，和水后
我的空终于不再茂密
一辆班车负载的某个午后
那丛长满的狂草涌进长安
山峦倾斜，一直以来的青岗
我将化鸟为蝶

化　蝶

蝶，落在我脚下
正是我想象了无数次的模样
颜色，图案，和坠落的姿势
你是在等我来吧，蝶

父亲疼惜地把你捧上枝头
就像是无数次捧起摔倒的我
我说，太阳出来了，翅膀晒干了
你就可以飞起来，飞回家

家，这个词像一个火苗灼疼了我
昨天因为这一个念头我被击倒了
没想到倒在了抱龙峪的山上
蝶，你太懂我，你就是我吧

蝶，飞吧，我跟着你去了
回家，那里有我的山伯等我

拉 直 头 发

流苏，皱褶，大摆裙
卷曲的长发
我曾经迷恋的波西米亚啊
成为我纠结的病根

昨晚在梦中
我拿着滚烫的烙铁
想把那些顽固的皱褶熨平
一夜之间患上了皱褶恐惧症

我甚至熨起了自己的头发
那自小就细软的自然卷发
像顽皮的跳糖在我的手心瘙痒

自由洒脱热情奔放的吉普赛人
在我的梦里舞动着远去
我仇视那些让我颓废的皱褶
我要拉直头发
直到她成为黑色的瀑布

听　石

椭圆形球囊中的石头
主宰着三维空间的平衡

小小顽石，却
偏离了固定轨道
随后脱落，折叠
从有机，到无机
再到碳酸钙盐结晶的
物理运动

小小石头
在滚珠般的宇宙迷宫
无序地游动
重力感应系统失灵
终难抵达目标位置

其实石头还在
只是一个小小的位移
重心发生变化
颠覆了整个世界

这一过程被耳朵发现
它依在眩晕的脑壳听着石头

不　要　问

不要问我看到听到什么
更不要问我想到知道什么
因为那些都太离奇太异想天开
我怕说出来你会怀疑世界

不要问我好不好有多好
更不要问我快乐不快乐有多快乐
因为答案太离谱太超乎想象
我怕我说出来你会怀疑人生

不要问，一问就错……

不要试图打开脑洞

那是危险的
也是徒劳的
不要试图打开脑洞
那会让所有的影像丢失
不要试图去解剖那些结构
那结构中的结构将是虚无
脑洞大开是一个幌子
它让你误以为看到了真相
其实那才是谜宫的入口

我被一个念头击倒

一阵微风，吹倒了我
一只被掏空了的巢，鸟飞了

鸟飞着飞着迷失了方向
它停止煽动的翅膀，掉了下来

我成了那只回不到巢的鸟
其实我是被一个念头击倒
我想回家

别假慈悲

都拿走了那么多主干
何必留下这些细枝末节
什么敏感的神经，细腻的情感
准确的直觉，统统拿走好了

别假慈悲
把有用的都拿走
让我变得一傻二愣
做一个真正的瓜女子

漏

如果说生命是一个密封的容器
我的容器一定是有了破损
它漏风，漏气，漏走了我的灵魂

我的灵魂在一只人鱼陶罐里安了家
它们和人一样，白天出来，晚上回去
我时常可以在我散开的瞳孔里看到它们

我生命的容器还漏掉了
我的前世、今世和来世之间的忘川
三生三世纠结在一起要一个地久天长

于是，它们把我也漏了，漏成了一条人鱼

晕

我的头枕在了地上
整个身体紧贴着地面
可是还是没有接到地气
于是，下沉，下沉
向一个无底洞下沉

我的手
抓不住任何想抓住的东西
就这样一直沉，轻飘飘地沉

一种力量向下
我知道是地心引力
它会带我去的地方路有多远
我只想着陆，哪怕在黑洞的深处

一种力量向上
我知道是光的方向
它引领着我却让我闭上眼睛
我的眼睛闭着，我的身体被光辐射着

光无孔不入
有些细胞死了
有些细胞变异了
还有些逃跑了

我也想逃
逃到一个能够抓住光的地方

等　待

我把自己当成一片云
在纯净的思维中执着守候
心爱的人在山上等我

我把自己当作一首诗
在爱情的旋律里寂寞起舞
心中的家在地上等我

我把自己当作一朵花
在彼岸的荷塘孤独绽放
心里的神在天上等我

有风吹过

茶冷了
树叶落了
要添衣服了
有风吹过

草晃了
云飘了
太阳不见了
有风吹过

铃响了
门开了
灯亮了
有风吹过

天阴了
下雨了
月亮走了
有风吹过

风念经

走　着

走着，走着
脚歪了，就走进了中年即将的老年
看到了公交车上的白领，正被浮尘污染
几个刚下楼架子的安全帽，念叨着被罚的工资
走着
路过一个站牌，和站牌下的几个人
貌似学生模样的说，靠！均属苏格拉底……
我听不懂他们的话，虽说都是地球人
走着走着
走出了自己，走进别人的黄昏
从秦汉隋唐走过，歇一会脚
走向 4G 网络

写给自己的字句

想写给自己几句
毫不犹豫就写下了珍惜二字
活着，呼吸，情感……
我需要珍惜的太多

其次就想到了放弃
要放弃那些没有价值的虚妄
人性深处的阴影
更有玩世心态的浮躁

最重要的还是亲情
并列的是健康
要有一个康健的好身体
与干净的灵魂和灵魂的环境

我每天需要做这些事情
随后再记下些走心的字词
送走每一个微笑的太阳
将自己的心思写入诗行

佛　　曰

佛曰：
一花一世界，一叶一菩提。
身为一花，我只安然。

佛曰：
寻找自我，放下执着。
我在无我，可我可无。

佛曰：
苦海无涯，回头是岸。
从容渡河，别无选择。

佛曰：
前世五百次的回眸才换得今世的擦肩而过。
即便擦肩也要擦出火花。

佛曰：
放下屠刀，立地成佛。
我对屠刀生冷。

佛曰：
救人一命，胜造七级浮屠。
如有机会我就救起。

佛曰：
我不入地狱，谁入地狱。

谁不入地狱，我入地狱。

佛曰：
为何不必？
我想何必。

佛曰：
此有故彼有，此生故彼生；此无故彼无，此灭故彼灭。
此彼此彼，有生无灭。

佛曰：
色即是空，空即是色。
世间万物，空空如也。

佛曰：
缘为冰，我将冰拥在怀中；冰化了，我才发现缘没了。
缘起缘灭，皆因时间如水人心如冰。

佛曰：
人无善恶，善恶存乎尔心。
只在一念，累心。

佛曰：
爱别离，怨憎会，撒手西归，全无是类。不过是满眼空花，一片虚幻。
道是迁离别恨，你惜我珍。

佛曰：
刹那便是永恒。
我学佛，拈花微笑。

念　珠

我夜以继日地数落着自己
一遍遍地，把 108 颗尘埃拂去
手心里的紫檀，幽幽地暗香
老树的慧根，菩提的感召
度化我，回到灵魂的故乡

头疼的奇境

痉挛抽搐的疼痛
是神经受了某种刺激
惯性条件反射，一惊一乍
像是千年的铁树开花

跳动蹦跶的疼痛
是心脏血管的收缩舒张
但搏动的节律异常，抑扬顿挫
像是万年的枯木逢春

迟钝缓慢的疼痛
是大脑沟回之间的紧张切磋
拉锯战的高低错落，忽深忽浅
像是荷苗正从淤泥中拱出

大脑是一台精密仪器
疼痛就是发生事故以及应急修复的过程
疼的类型不同，但都来源于头
像是一颗结满籽粒的菩提树

一个头颅就能制造出这么多类型的疼
可见一个人生会有多少种疼痛都不足为奇
这么一想，头疼变得格外有趣，我甚至可以看到
里面每种疼的位置和形状，且每种疼都是一个奇境

眩　光

溢出瞳孔
溢出眼眶
溢出地球

与太空相接
与宇宙相通
与星河相融

金色的光
蓝色的光
白色的光
交相辉映

不知是灵魂出窍
还是接收到了异域的信号

眩目炫光，空穴来光
灵，在濒临失明的边界游走

稻　　草

一个，又一个抑郁者走了
他们没有抓住最后一根稻草

他们一直在抓，一直在抓
可是那些稻草变成了绳索

这夺命的绳索啊
居然是那些救命的稻草编成

稻草，给他们一根真正的稻草吧

凋　零

红，为什么选择红
为什么选择坠落，为什么

疼吧，姐姐，妹妹，为什么
要把这疼砸进你们亲人的心里

从天而降的红云和晚霞
是你们在这个世界最后的颜色

为什么选择红色，把最温暖
变得最冷酷，把最希望变得最绝望

粉红，大红，一个女人最美的颜色
你们选择了自由落体，选择了凋零

你们把自己装扮得像个新娘
却嫁给了另外一个世界……

针

我知道针
我知道谁是针
它扎在哪里
可是我不能说出来
更不敢拔出来
因为我知道
那个针拔出来
留下的针眼
在心里面
就是一个大窟窿

我 就 是 我

不多说一句话
不想说一句话
只想一个人
呆在一个没人的地方

想做自己想做的事
想去自己想去的地方
想过自己想过的日子
不是一个人

什么都能看得清
什么都能接受
什么都无所谓
只要我能够做我自己

就这样乖乖的
无棱无角身上无刺
和颜悦色与世无争
却总与自己过不去的我

好想失联
好想离家出走
好想浪迹天涯
好想安静写作

这样的我，我在乎
我就是我，我喜欢
所以，如果哪天我不见了
亲们，别找我，成全我

草　　民

八小时以内种草
八小时以外拔草

种草是我的职业
拔草是我的事业

不种草如何成为草根
不拔草如何遇见诗歌

毒　　药

一种犀利的眼神
看穿外套里面的和笑容背后的

一句尖刻的语言
说破了事实真相和善意的欺骗

一声刺耳的呐喊
惊醒沉默的心灵和彷徨的脚步

一剑封喉的毒药
击中要害猝不及防使人麻痹而死

一　根　草

你是我的一根草
救命稻草，你却浑然不知
你草菅人命，我要怎样起诉你

我不放弃呼救
我不想草草收场
这个草根一样的人生

一根草挺身而出
它叫圣约翰，救了我的命

一个想入非非的下午

听着一曲破墙而入的萨克斯
还有市嚣与法国香水，股票金融
掺杂的古风霉味，一份不好不坏的心情

如此一来，时间裸睡在面前
心间就与天一块热着
那些楼群悠悠地舞蹈
街头上吸烟的女孩越来越多
最后透过一张玻璃看到了世界的真相
当自然被肢解地四分五裂
一群猴子戴着礼帽，欢快地
唱起了安魂曲

泅　渡

深潜胸腔内的咳嗽
火焰和热浪在翻滚灼烧
泅在汪洋里的灵与肉
正在沉浮中离心运动

一个在脑海中横冲直撞寻求突围
一个在五脏六腑翻江倒海寻求着陆
没有出口，一切都泅在其中，寻渡
寻渡，来一把大火或一场大水吧
玉碎瓦全破釜沉舟也是一条生路

不要，我不要这个支离破碎的生
不要灵与肉的分崩离析，不要
不是自己的生活，我宁愿泅
在其中，寻求唯一的渡口

一场大汗淋漓的雪赶来救场
看不见的红在雪中穿梭，燃烧
雪在烧，越烧越白，终于烧出水面
终于找到解脱，涅槃，泅渡

新

新绿的茶叶
新播的种子
新翻的土地
新鲜的气息

新晴的天
裁一帧明媚的月光
拉一匹春风入怀
做一首新诗

行走的思绪与另一种可能（后记）

一

一边思考，一边感悟；一种言说，源自精神的内部。

一种描述，抑或是被描述；一种状态下的诉求，却成了雪花形状的诉求。

一个隐喻，隐者的一种寄托。一尺精神的深度，会助长一丈性格的犀利或者情感的绝望。

忧伤的原初状态，以及对忧伤原初状态的终极回应，是什么。

二

思念，本质上是一种精神性质的血液。人类越是迷茫，对它的需求越是旺盛，而且是沿着最漆黑的栈道攀爬。

诗人就是说出心灵深处“痛”的那个人，这是诗人的精神与艺术使命之一。反之，如果连诗人都无法说出人类的痛，还有谁来说出呢。把痛苦当作快感来沉淀并当作不朽。

诗人，不愿向任何一个自己无法接受的词低头。

语言以及词，它们都有自己的历史。同样，它们也深深蕴含于道德之中。

诗人，在任何时候都蕴含着某种救赎与被救赎的诉求，只是有时自己未察觉而已。

单纯，或许是一个诗人客观上抱持一生的姿态。

走在阳光前面。在人们灵魂够不着的地方，就是精神的家园。

鱼鳞只有走进鱼，才能获得呼吸赢得遨游。

类似网络微信等蜻蜓点水式的、抑或一次性消费的阅读，根本就无法升华一个人的鉴赏水准。只能使人的欣赏水准变得越来越庸俗低迷。

三

写诗，不贪多，一点即可；将之深挖，解析清楚；也或朦胧，给幻想留有余地。

写诗，随心所欲，说心里话，自自然然，恰到好处，仅此而已。

贴着生活去写，贴着大地去写，贴着内心去写。

写心，只有这一条出路。每个可称作诗人的人，只有这么一条路可走。用心抒发，血与泪是最好的墨水。

诗歌，其实都是从心里发出的声音。执着而坚定的一种内在困惑的奔突。

你把自己的灵魂包裹起来，将永远都走不出来。

每一个用灵魂和生命写诗的人，都可以称作是一个勇士。

诗人所得甚少，所舍甚多。他们必须与世俗潮流，生活虚荣，金钱权力等等去战斗。

一株小小的风铃草，即使铃铛摇得再响，又能如何。该麻木的依然麻木，该沉睡的依旧沉睡，该媚俗的依旧媚俗。但风铃草的使命就是摇曳，再摇曳。

诗人一直追求自由与独立，而默默无闻就是最好的自由与独立。

四

一种与虚空共生的状态。

一种身体被悬空的状态，亦即大脑一片空白的感觉。

一空再空，空到我心的双眸看不到一切。

有限与无限，实则就是局限。

现实中，我们既是摆渡者，又被时光所摆渡。

时间于人类而言，始终是一种坚实的力量。

在时间的终点，与死者对话，或许是我们活在另一个世界的一部分。

我们什么都可能错过，唯独死亡不会错过。那些伟大而深邃的死亡。

虚荣囤积的垃圾文字与名声，永远低于诗歌。一切浮在事物表面的现象，像一片片薄荷。

五

如果那是朝向精神的风暴，诗行或声音就是风暴眼。

感性的东西太多，就略显肤浅。

人群中的人始终不是你自己，那只是一个符号。

更多的人，喜欢忘了疼痛而直奔平庸的舞台，加入其中的合唱。

诗歌，本来是夜莺，可现在却成了铺天盖地的乌鸦。二者之间没有融合的可能，不是夜莺就是乌鸦。即使乌鸦的羽毛被化妆得再艳丽，嗓门儿再高，也不会变成夜莺。

躁动无休无止。或许只有心无旁骛才能审视出一些属于自己的东西。

自由而放任。内心的一种精神镜像。情景小而境界大。

当精神被困扰翻卷，对永恒的追求，蕴含着人类所有的荒谬。

毫无任何戒备。除了一颗心，其他一切都已丧失。

六

每一次创作，都是一次分娩。但愿这种分娩能够刷新出另一个自己。

这种刷新，必须高于自身容纳的精神水位。

自我净化与敞开，需要一种绝对自觉边缘的境况才能真正抵达。

脱掉身上的一切伪饰，迫使自己再次回到自身。

艺术中的现实，总是在现实中做艺术性跳跃。

点滴描述，点滴透视，对期待的期待加以回应。隐喻中的隐喻。

我们即使漂浮在事物的表面，同样能够深感实质在心跳。

如果一个人倘若足以翻越病态的潮流，那么时代漂浮的淤泥与喧嚣也就不足为凭了。

一个等待如果被必要充满，就成了精神的某种必须。

在这个不可能的世界，一切都是可能的。但更多的人，未必读出这其中的蕴含。

七

在芦苇的思索里活着。

从出发到抵达，中间需要多少芦苇摇曳？这已然是个问题。

如果你是一个精神足够强大的人，足以超越自足性。否则，将被其活生生淹没。

在简单中繁衍复杂，而在复杂中过滤出简单，这是诗歌艺术的基本使命。

置身其中，就是诗与人的所有。

诗，在诗人心里，永远是穷困潦倒的。但它足以打通我们精神的所有穴位。

作为思想的一部分，一种大爱一旦确立，其思想的方向就不能在芦苇上摇摆。

九月来了。我的眼睛，告诉风中的芦苇，猕猴桃熟了……